Sarkozy : l'erreur historique

DU MÊME AUTEUR

La Mort du dollar, Le Seuil, 1974.
L'Economie de spéculation, Le Seuil, 1978.
Economie de l'entreprise, Fayard, 1989.
Pour un capitalisme intelligent, Grasset, 1993.
Le Gouvernement d'entreprise ou les fondements incertains d'un nouveau pouvoir, Economica, 1999.
Changer l'Etat, Plon, 2001.
La République silencieuse, Plon, 2002.
Le Capitalisme total, Le Seuil, 2005.
Seul face à la justice américaine, Plon, 2006.

Jean Peyrelevade

Sarkozy :
l'erreur historique

PLON

www.plon.fr

ISBN : 978-2-259-20833-8

Avant-propos

Que le lecteur ne se méprenne pas : le titre de cet ouvrage est violent mais n'exprime en rien une hostilité personnelle à l'égard de Nicolas Sarkozy. Au contraire, j'ai pour lui estime et considération. J'apprécie sa capacité à bâtir des relations à autrui empreintes d'une sorte de sympathie immédiate comme je crois sincère l'intérêt qu'il porte à qui est dans le malheur. Ses qualités humaines ne sont donc pas en cause. De même, j'admire la conscience qu'il a de ses responsabilités, son dynamisme, son énergie et le souci qui l'anime de ne laisser aucun problème sans solution. Sans doute les Français lui sauront-ils gré d'avoir redonné à la fonction politique une partie de sa noblesse perdue : conquérir le pouvoir n'est rien, encore faut-il l'exercer. Médecin soucieux de la santé de ses patients, de tous ses patients, il accourt au premier symptôme, au premier signe clinique, au chevet du malade heureusement surpris d'une attention aussi inusitée.

Mieux vaudrait cependant que le diagnostic soit robuste et la thérapeutique adaptée, ce qui est une autre histoire.

Comment, dira-t-on encore, ne pas approuver maintes réformes qui s'attaquent courageusement à des archaïsmes flagrants de la société française ? Comment ne pas noter que ses prédécesseurs y ont soit échoué, soit renoncé ? Ainsi de l'instauration d'un service minimum dans les transports qui vise à ce qu'un conflit social dans l'entreprise (événement assez banal) ne se transforme pas aussitôt en immobilisation de tout le pays, de son appareil productif et de millions de citoyens. Ainsi de la loi sur l'autonomie des universités qui donne enfin à chacune d'elles et à ses instances dirigeantes la responsabilité de son propre destin. Ainsi de la fusion de l'UNEDIC et de l'ANPE qui va mettre fin à une singularité française : situer en face de chaque chômeur deux organismes distincts, l'un pour lui verser ses allocations, l'autre pour essayer de le reclasser. Ainsi de la réforme des régimes spéciaux de retraite, tous caractérisés par des âges de droit à pension injustement précoces, que la simple équité rendait souhaitable aux yeux de la majorité de la population et sans doute nécessaire avant qu'il soit porté remède au déséquilibre financier de l'ensemble des systèmes de retraite. Ainsi de la modification de la carte judiciaire dont on peut certes discuter les modalités mais qui, visant à diminuer le coût et à améliorer la qualité de la justice, me semble relever d'une incontournable modernisation. Ainsi de l'apparition de formes assouplies du contrat de travail. Ainsi encore et surtout de la rénovation du dialogue social après la réforme en profondeur de la représentativité syndicale. Toutes ces belles actions, dont le citoyen se félicite, ne sont pas négligeables. Mais elles ont un double caractère qui marque leur limite. Importantes dans l'ordre symbolique où elles signent l'expression d'une volonté de bon aloi, elles ont peu d'effet en termes mesurables (et aucun à court terme) sur l'efficacité de l'économie française. Qualitativement significatives, elles sont quantitativement marginales. Ainsi pourrait-on ajouter à la liste la réforme de l'Etat : pleine de bons sentiments (rationalisons l'action publique : qui fait quoi et pour quelles raisons ?), de justes intuitions (les fonctionnaires aussi sont capables de progrès de productivité) et de hautes ambitions (il faut réduire à la moyenne européenne le poids des prélèvements obligatoires sur la production de richesses, ce qui représente un effort considérable : six points de PIB), elle se traduit par des décisions qui sont loin de la dimension du problème de finances publiques que nous avons à traiter : 23 000 agents de l'Etat en moins au budget 2008, soit une diminution de un pour mille. Non pas « beaucoup de bruit pour rien » (il ne faut pas exagérer), mais « beaucoup de bruit pour pas grand-chose », du moins dans l'ordre des chiffres.

La seconde critique est plus radicale. L'actuel président de la République résout certes fort bien des questions politiquement difficiles, mettant en cause des intérêts fortement affirmés. Nécessitent-elles une grande quantité d'énergie ? Il en dispose à revendre. Faut-il aller de l'affrontement au dialogue, du raidissement à la concession suivant le moment de la négociation ? Ce balancement est parfaitement maîtrisé. Mais toutes les réformes engagées à ce jour ont un trait commun : elles sont conceptuellement simples. De l'énoncé du problème découle aussitôt la solution, même si cette dernière est malaisée à mettre en œuvre ; ainsi du service minimum dont le nom suffit à décrire le but, ainsi du principe d'équité appliqué au régime des retraites : tout le monde doit être mis sur le même pied.

Nous avons donc élu un champion de la résolution des problèmes simples, ce qui est certes un progrès par rapport à Jacques Chirac ou au François Mitterrand du second septennat qui se sont satisfaits de ne rien faire. Mais cet homme à tant d'égards admirable a un grave défaut : il ignore la complexité. D'un mathématicien, on dirait qu'il traite à la chaîne des équations linéaires à une inconnue, plus vite que quiconque, mais que la non-linéarité et les systèmes multidimensionnels lui échappent. Or certaines des questions décisives pour l'avenir de l'économie française et donc de notre société, par nature complexes, appellent en amont de la prise de décision une vraie réflexion. Seul le bon docteur Pangloss peut proclamer que chaque effet est le résultat d'une cause unique ou que chaque cause a un seul effet.

Dire qu'une question est structurellement complexe, c'est dire que les enchaînements d'effets et de causes y sont multiples, les boucles de dépendance réciproque des phénomènes nombreuses et fortement intriquées, et que pour décrire l'ensemble du système avant de pouvoir le maîtriser on a besoin de temps et de recourir à des techniques dépassant, et de loin, le pur bon sens, la règle de trois et l'équation du premier degré. Ainsi en va-t-il de la macroéconomie, discipline qui permet, si elle est bien employée, de développer la prospérité collective. C'est une science complète : la recette qui consiste à trouver la solution des problèmes directement dans leur énoncé ne s'y applique pas et peut même produire des résultats exactement contraires aux objectifs poursuivis. Ainsi du pouvoir d'achat, que les Français tiennent pour insuffisant. La réponse immédiate consiste à leur donner, via le budget de l'Etat ou par prélèvement sur les profits des entreprises, du revenu supplémentaire. Comment expliquer qu'au bout de quelque temps cette action d'évidence provoque non l'effet attendu mais bien une stagnation voire une diminution du revenu disponible des ménages ? De même Nicolas Sarkozy a déclaré vouloir aller chercher « avec les dents » le point de croissance supplémentaire dont le manque serait la cause de nos difficultés. Les deux aspects sont liés par un raisonnement trop élémentaire pour être fondé : une distribution volontariste, voire forcée de pouvoir d'achat entraînerait une augmentation de la consommation, donc de l'activité des commerçants qui remonterait ensuite jusqu'à la production et provoquerait enfin une élévation du taux de croissance. Hélas, celui-ci n'obéit pas à l'incantation présidentielle et dépend de facteurs plus décisifs dont avant tout la compétitivité de notre appareil productif.

Il est vrai que le même raisonnement fut appliqué par le Mitterrand de 1981 : anticiper par une relance de la demande interne une croissance qui, tel Godot, ne cessait de se faire attendre. Mitterrand et Sarkozy, non pas même combat mais même erreur ! Ainsi le second s'inscrit-il non dans la rupture mais dans une continuité douloureuse pour notre pays. Constatons d'ailleurs que depuis le départ de Valéry Giscard d'Estaing de l'Elysée, soit plus d'un quart de siècle, les trois présidents de la République qui se sont succédé – un de gauche et deux de droite, mais le premier a régné près de la moitié du temps – se caractérisent de manière égale par un manque absolu de culture macroéconomique. Est-ce simple coïncidence si, sur la même période, le poids relatif de la France a diminué en Europe et dans le monde ?

Il est de bon ton de se moquer des économistes : qu'ils se trompent moins d'une fois sur deux et on dira, comme des météorologues, qu'ils ont beaucoup de chance. Réunissez-en trois et, comme avec les médecins, vous obtiendrez quatre avis différents. Reste que, lorsqu'on est malade, mieux vaut bien choisir son docteur (ce n'est pas toujours aisé) que se précipiter chez le charlatan à la mode. La macroéconomie, comme la mathématique dont elle fait largement usage, s'apprend avec le temps, de la transpiration et beaucoup de réflexion. Un modèle réellement descriptif de l'économie d'un grand pays comprend plusieurs centaines, voire plusieurs milliers d'équations, et personne ne peut, de l'extérieur de la construction, par la seule force de son regard et la brillance de son verbe, dire quel va être le résultat de telle ou telle décision de politique économique. Peut-on exiger de nos dirigeants politiques l'investissement intellectuel propre à leur donner la maîtrise de tels instruments? Certes pas (à l'impossible, nul n'est tenu), mais au moins d'avoir l'humilité d'écouter de vrais spécialistes éclairer leurs choix et de savoir choisir des conseillers à la fois compétents et assurés de leur jugements (les deux ne vont pas toujours de pair et l'incompétence occupe souvent tout le devant de la scène en affichant bruyamment ses certitudes erronées).

L'action pour l'action, tel semble être le principe directeur d'un Nicolas Sarkozy ignorant de la complexité. La multiplication de ses actes est rien moins qu'une garantie de leur cohérence. Lui qui adore les citations devrait méditer celle-ci d'Henri Bergson : « Il faut agir en homme de pensée et penser en homme d'action. » Pensée et action, l'une des deux dimensions ne lui manquerait-elle pas ? L'affirmation que tout problème, quelque complexe qu'il soit, puisse être instantanément maîtrisable par un esprit aussi supérieur que celui du président de la République (comme si l'omniscience était conférée par l'accès à cette fonction éminente), cette affirmation prétentieuse est sans fondement. Le manque de modestie trahit une superficialité de la pensée et explique une action dispersée, sans véritable ligne directrice. A ce premier défaut s'ajoute un second. Cet homme, agissant dans une sorte d'urgence perpétuelle, écrase le temps, et d'abord celui de l'effort. Plongé dans l'immédiateté, épousant tous les plis du terrain dans une sorte de vibration permanente, il veut convaincre les Français que chaque réforme leur amènera dans l'instant quelque avantage : l'économie, selon son expression, ne saurait être « sacrificielle ». Tout déplacement des lignes doit aussitôt être, dit-il encore, « gagnant-gagnant ». Curieuse convergence de vocabulaire avec Ségolène Royal. La gauche fut longtemps incapable de changer en profondeur le pays tant elle croyait à l'existence d'un trésor caché (le mur d'argent, les deux cents familles, les profits de la spéculation financière, ceux des monopoles, les revenus du capital...) dont la découverte et la répartition amélioreraient soudain, sans autre travail, le sort de tous (ce qui la dispensait de réfléchir davantage et la conduisit si souvent à l'échec). Nous avons ici une version plus sophistiquée et donc plus pernicieuse de l'illusion démagogique : il suffirait de modifier l'agencement, la combinaison des éléments simples qui constituent une économie pour que, sans délai, sans effort, sans plus de sacrifice, chacun trouve son compte à cette permutation. Terrible erreur de diagnostic qui empêche de sortir de la facilité. Comme si le redressement d'une économie profondément déséquilibrée était possible autrement que dans le temps, autrement que par un retour à la rigueur dans la gestion des affaires publiques, autrement que par une renonciation explicite au plaisir équivoque de vivre au-dessus de ses moyens. Aucune amélioration de compétitivité n'est envisageable sans investissement dans la durée, donc sans effort, donc sans sacrifices transitoires, pendant la période plus ou moins longue où l'on met fin aux désordres.

Les Français se préparent un réveil difficile. Le plus tôt sera le mieux tant augmente le coût de la remise en ordre quand on tarde à la mener. Mais quels seront leur déception, peut-être leur ressentiment : le président élu l'a été pour s'être porté fort de la solution de problèmes dont il accusait ses prédécesseurs de les avoir créés par leur immobilisme, leur manque de courage, leur incapacité à agir ! Doté, lui, d'une grande aptitude à l'action, il l'exerce hélas de travers. Ses partisans le félicitent de mettre la France en branle : voulant incarner le changement, il est dans l'exact prolongement des erreurs du passé. Il s'agite de mille mouvements mais sans quitter une seule seconde le couloir où l'enferme son erreur de jugement. Héraut des réformes périphériques, il échouera sur la seule qui soit centrale : celle qui rétablirait la compétitivité de notre appareil productif. Loin de résoudre nos difficultés, il va continuer à les aggraver. Loin de la renforcer, il va progressivement étouffer le peu de croissance potentielle qui nous reste. Loin d'augmenter le pouvoir d'achat, il nous conduit vers une stagnation de notre niveau de vie.

En ce sens, son erreur est historique comme sera tristement historique son élection par un peuple floué. En ce sens, incarnation de la fausse rupture, de la fausse réforme, il est un leurre, le dernier leurre j'espère avant que le redressement de la France soit enfin engagé.

1

Le désir d'argent

Nicolas Sarkozy n'est pas le président de la rupture mais d'une restauration : celle de l'argent. Le désir d'argent est légitime : qui ne souhaiterait disposer de revenus plus élevés ? Faut-il pour autant faire de l'argent une valeur fondatrice de la société et donc, comme le voudrait le président de la République, réconcilier le pays tout entier (et non pas seulement chaque citoyen, qui n'a nul besoin de l'être) avec la notion d'enrichissement ? La réponse ne va pas de soi et dépend de quoi l'on parle.

« Enrichissez-vous », proclamait Guizot. La citation est ambiguë, d'abord parce que tronquée. « Enrichissez-vous par le travail et par l'épargne », déclarait en fait le ministre de Louis-Philippe. Ainsi fait-elle partie du patrimoine d'idées communes aux conservateurs et aux libéraux dont l'alliance n'est pas sans contradictions : réduite à son entame, elle justifie pour les premiers l'inégalité de richesses entre individus qui fournit le moyen constitutif d'une élite censitaire, appelée à diriger le pays. Rétablie dans sa complétude, elle prend un caractère presque saint-simonien en faisant du travail et de l'industrie les sources de la prospérité collective.

Enrichissement individuel *versus* enrichissement collectif : dès que le capitalisme apparaît en France, la confusion s'installe. Sans doute est-elle difficilement évitable : comment distinguer l'un de l'autre ? En tout cas, la gauche interprète sans hésitation la version raccourcie de cette exaltation des vertus bourgeoises comme une scandaleuse volonté d'inégalité sociale, voire d'exploitation de l'homme par l'homme. « Ne regarde pas dans ta poche pour savoir si tu es riche, dit un proverbe russe, mais dans celle de ton voisin. » Ainsi la même injonction fut-elle interprétée, pour de bonnes et de mauvaises raisons qui s'amplifiaient en se répondant d'un bord à l'autre de la scène politique, d'un côté comme un encouragement naturel aux entrepreneurs de la révolution industrielle en marche, de l'autre comme la manifestation obscène d'une oppression à laquelle la lutte des classes était la seule réplique.

La politique se fait avec des mots. Enrichissement individuel ou enrichissement collectif ? Ce débat ancien n'a aujourd'hui guère progressé. L'argent, mesure de l'un comme de l'autre, est un concept à double face. Nos hommes politiques se sont pour la plupart installés dans cette ambiguïté, comme s'ils vivaient encore en 1850 : elle facilite leurs affrontements qu'une artificielle répétition détache de plus en plus des vrais enjeux.

Cependant la lucidité comme le refus de toute démagogie commandent de pousser davantage une analyse dont la nature est complexe. L'esprit d'entreprise, la liberté du commerce et le désir d'enrichissement personnel qui en est le corollaire sont bienvenus : moteurs de l'économie, ils assurent sa croissance et donc la prospérité de tous. Pour autant, l'accumulation individuelle de richesses ne peut être sans limite. Un modèle de développement qui s'accompagnerait d'un éventail de revenus sans cesse plus ouvert (ce qui est bien la tendance actuelle des économies de marché) serait politiquement et socialement insoutenable.

Les grands pays, à commencer par les plus développés, ont ainsi à relever un double défi : d'une part rendre leur croissance écologiquement compatible avec les ressources naturelles de la planète ; d'autre part garder intacte l'incitation à l'enrichissement personnel, générateur d'innovation et de progrès économique, tout en refusant l'accroissement continu des inégalités qui menace de fragiliser la société tout entière. Comment pondérer l'un et l'autre aspect, comment pondérer l'un par l'autre : telle est sans doute l'une des questions cruciales que devraient se poser nos dirigeants.

On en est loin. Les mêmes mots ont des connotations différentes, voire opposées, suivant la formation politique qui les utilise et l'objet auquel ils se rapportent. Si l'on parle des entreprises, sujet cher aux libéraux, profit, marge brute, cash-flow, autofinancement, investissement sont, après agrégation, autant de concepts macroéconomiques à la signification technique précise et auxquels il serait vain de vouloir donner un contenu moral. Au demeurant, la vigueur de l'appareil productif, qui commande celle du pays, veut que ces grandeurs augmentent toutes avec le temps et parallèlement entre elles. L'affirmation suivant laquelle le taux de croissance d'une économie est, à long terme, voisin du taux de profit de ses entreprises est, pour un macroéconomiste, presque une tautologie.

Or les mêmes concepts, ou ceux qui en dérivent directement (revenus du capital, dividendes, loyers et intérêts perçus, plus-values sur valeurs mobilières, sans même parler des stock-options), prennent au niveau des individus une tout autre coloration puisque ce n'est plus la production de richesses (légitime) qui est alors en cause mais leur répartition entre les citoyens. Et celle-ci, toujours discutable, est au centre de l'affrontement politique.

On voit bien le coût de cette ambiguïté de vocabulaire. Au nom du refus des excès d'enrichissement personnel (« je n'aime pas les riches », a dit François Hollande), la gauche étend aux entreprises, sources de la richesse, les soupçons qu'elle nourrit vis-à-vis de l'argent. Condamner l'amont (le profit) au nom des débordements de l'aval (la multiplication bruyante des fortunes individuelles), c'est vouer la collectivité à la médiocrité.

A l'inverse, la droite conservatrice, celle de Nicolas Sarkozy, se pare des faux habits du libéralisme et utilise l'image positive de l'entreprise, dont en fait le fonctionnement réel ne l'intéresse guère, pour faire de l'argent la valeur fondatrice de sa politique et justifier ainsi l'enrichissement supplémentaire des plus fortunés des ménages, qui constituent le cœur de sa clientèle électorale. Ce faisant, c'est le pays qu'elle appauvrit.

Illustration de cette dérive, la harangue indifférenciée à la gloire des petites et moyennes entreprises que tous les hommes politiques, droite et gauche confondues, ont à cœur d'entonner. Du discours qu'ils tiennent, rien n'est vraiment faux mais tout est exagéré : les PME seraient seules à créer des emplois, seules à être frappées par les retards de paiement de l'Etat et des collectivités locales, seules à subir l'oppression des grands groupes qui se défausseraient systématiquement de leurs difficultés sur leurs sous-traitants, seules à souffrir de la pusillanimité des banques et du niveau trop élevé des agios que celles-ci prélèvent. Les PME jouissent, ce qui est bien, d'un taux réduit de l'impôt sur les sociétés : une sur trois voit ainsi son impôt diminué de plus de moitié. Elles mériteraient, ce qui est exact, un accès privilégié aux marchés publics, elles devraient, ce qui l'est moins, bénéficier d'un soutien spécifique en matière de recherche (une taille minimale étant probablement, dans ce domaine, une condition d'efficacité).

Cette dernière remarque est importante : l'argumentation en faveur des PME est cohérente si elle s'adresse au tissu, hélas trop peu fourni, des entreprises réellement constituées et dont il faut soutenir le développement : les PME de l'industrie, du commerce et des services représentent 55 % de l'emploi total, mais seulement 34 % des investissements et 16 % des exportations [1]. Les thuriféraires du « small is beautiful » rappellent à l'envi qu'il existe nettement plus de deux millions d'entreprises en France. Les esprits chagrins, je veux dire ceux que choque toute démagogie, répondent qu'un tiers au plus de ce total impressionnant sont de vraies entreprises, avec un ou plusieurs salariés et surtout une comptabilité distincte de celle de leur propriétaire. Parmi elles, seules 2 000 (soit 0,1 % du total) emploient plus de 500 personnes. L'immense majorité, plus de 95 %, a moins de 20 salariés, et 60 % aucun. Plus des deux tiers des deux millions et demi d'entreprises que l'on célèbre logent en fait l'activité de commerçants ou d'artisans travaillant seuls ou en couple, pour lesquels n'existe aucune vraie séparation entre patrimoine professionnel et patrimoine personnel. Celles-là ne sont, par structure, ni

---

1. Nadine Levratto, « Comment expliquer les faibles performances des PME françaises », *Le Monde* du 15 janvier 2008.

innovatrices ni exportatrices : l'ancrage dans la proximité et la participation aux grands courants d'échange sont choses différentes. Nous n'avons plus que 100 000 entreprises exportatrices (4 % du total) après en avoir perdu 6 000 sur les cinq dernières années. Parmi elles, les plus petites (moins de 20 personnes) représentent la majorité en nombre (près de 60 %) mais une part faible (18 %) dans le montant des ventes à l'étranger. Exportation et innovation restent le fait d'entreprises qui ont dépassé la taille critique. Alors que l'ensemble réuni de toutes les PME ne pèse, économiquement parlant, qu'entre le double et le triple (ce qui est finalement peu) du seul millier d'entreprises cotées, alors que le pouvoir politique devrait par priorité s'occuper du renforcement des plus grosses, des plus dynamiques, des plus ouvertes sur l'extérieur, la minuscule (la TPE, la toute petite entreprise) jouit d'une faveur inégalée. Que de textes en sa faveur, d'exemptions, de facilités fiscales ou administratives : on recense plus de 5 000 dispositifs d'aide aux PME ! Il est vrai que notre million et demi de fausses entreprises, dont les propriétaires certes travaillent dur et parlent fort, sont dûment représentées à la CGPME et donc au MEDEF où leur pouvoir d'influence est rien moins que négligeable. Il est également vrai que les entreprises ne votent pas mais que plus on se rapproche de la TPE, plus l'action menée en sa faveur (ou, plus exactement, en faveur de son propriétaire exploitant) peut avoir d'heureuses conséquences électorales. On confond le restaurant et le restaurateur, le garage et le garagiste, le bistro et son patron. Servant les personnes, on croit œuvrer pour les structures. Non, Monsieur Sarkozy, ce n'est pas avec l'argent qu'il faut réconcilier les Français mais avec leurs entreprises, les vraies. En bref, plus personne ne se préoccupe de la production, de la création de richesses, de la santé des entreprises considérées comme des acteurs économiques de plein exercice, avec leur patrimoine propre et leurs contraintes de compétitivité : la confusion entre les intérêts de l'entreprise et ceux des personnes qui la possèdent (les actionnaires) ou la gèrent (les managers) fait que seul le partage d'un gâteau dont la croissance est négligée anime le débat politique. La volonté individuelle d'accès à la fortune, louée ou vilipendée, l'emporte sur celle d'enrichissement collectif, valeur nécessaire de l'équilibre social. On ne parle plus que de la répartition de revenus dont on ignore la provenance : la répartition de droite (en faveur des riches), aujourd'hui mise en œuvre, s'oppose à la répartition de gauche (contre les riches) qui le fut hier. Pendant ce temps, faute de s'occuper vraiment de la santé de son appareil productif, véritable bien collectif, la France recule.

Jusqu'où cela peut-il aller ? Une anecdote fournira une première esquisse de réponse.

J'eus la chance d'être invité au printemps 2006 (donc longtemps avant le début de la campagne pour les élections présidentielles, longtemps avant la déclaration officielle de candidature de Nicolas Sarkozy dans lequel je mettais encore quelques espoirs et celle, inattendue, de Ségolène Royal) à un dîner chez Michel Rocard, donné en l'honneur de Raymond Barre. Ce dernier, physiquement fatigué, était intellectuellement dans une forme éblouissante. Il monopolisa la parole : non qu'il la prît aux autres convives, ce fut comme un mouvement naturel. Il brossa tout d'abord le portrait haut en couleur des présidents de la République qu'il avait connus, cruel pour Jacques Chirac, admiratif et distancié pour François Mitterrand, élogieux pour Valéry Giscard d'Estaing dont il admirait les éminentes qualités (« narcissique, certes, ce qui l'a perdu. Mais homme d'Etat, sans aucun doute. Narcisse, homme d'Etat »).

De là nous passâmes tout naturellement à la situation politique du moment. Nous le sentions désabusé, inquiet de la santé du pays et de l'incapacité des dirigeants politiques à résister à la tentation démagogique. Or aucun redressement ne serait possible sans un langage de vérité dont il apparaissait que bien peu auraient le courage de le tenir. Je l'interrompis un court moment : « Mais enfin, Monsieur, combien de temps la France va-t-elle continuer à s'enfoncer avant de réagir ? » Sa voix descendit ton par ton, syllabe par syllabe, du plus aigu jusqu'au plus grave avec une sorte de point d'orgue sur la dernière voyelle : « Monsieur Peyrelevade, encore un quinquennat. » La table éclata de rire.

Je ne pus m'empêcher de le relancer : quel événement voyait-il qui provoquerait le sursaut appelé de ses vœux, après une longue période de gouvernements médiocres : « Les Français se réveilleront, répondit-il sérieusement, quand ils constateront une baisse de leur pouvoir d'achat. »

J'avoue ne pas avoir très bien compris, sur-le-champ, le sens de cette affirmation. Après quelques mois de présidence Sarkozy, j'en admire la prescience. Les Français croyaient avoir élu un réformateur ? Ils ont choisi un agitateur d'idées qui cache sous un vocabulaire de rupture et une multiactivité vibrionnante la continuité immobile de la démagogie et du laxisme chiraquiens. J'espère simplement que le peuple en prendra conscience avant que son pouvoir d'achat ne diminue vraiment. Mais peut-être suis-je trop optimiste, peut-être est-ce Raymond Barre qui avait raison...

2

Le président du pouvoir d'achat

« Je suis le président du pouvoir d'achat », a scandé Nicolas Sarkozy pendant la campagne électorale présidentielle. Qui n'applaudirait à pareille prétention ? La France d'en bas apprécie que l'on s'intéresse à son sort, au moins par le verbe. Mais la promesse d'amélioration sera sans effet et le désenchantement radical si l'action du gouvernement, désordonnée, parcellaire, s'entête à ignorer les raisons profondes de l'évolution insuffisante du revenu des Français : on ne soigne pas une pneumonie avec une collection de cachets d'aspirine, fussent-ils multicolores ; on n'augmente pas le niveau de vie par des interventions superficielles sur la formation des prix ou les circuits de distribution. La fausse réforme ne permet pas de faire l'économie du vrai changement. Encore faut-il être capable d'analyser les causes du mal que l'on prétend guérir.

Le constat

Le paradoxe est que la question du pouvoir d'achat, «priorité nationale» dans l'ordre des valeurs sarkozyennes, est devenue un sujet de controverse à l'instigation des hommes politiques eux-mêmes, qui ont ainsi fabriqué les verges destinées à les châtier. Les statistiques officielles sont formelles [1] : le pouvoir d'achat des Français continue à progresser : +2,6 % en 2004, +1,7 % en 2005, +2,3 % en 2006, +3,3 % en 2007, même si l'inflation renaissante fera que le chiffre de 2008, encore positif, sera certainement plus faible. Ni les électeurs, ni leurs élus ne semblent l'admettre. Les statistiques étant différentes de ce à quoi l'on s'attend, ce sont elles que l'on suspecte, non le jugement de l'opinion publique. Rappelons les propos d'Oscar Barenton, confiseur : «On ne demande comment une statistique est faite que lorsqu'elle prouve autre chose que ce qu'on désire» : donc les indices sont faux.

Bien entendu, il n'en est rien, et la mise en cause de l'instrument de mesure, en préface d'un foisonnement d'annonces démagogiques, est particulièrement malavisée : ainsi crée-t-on des espoirs qui seront nécessairement déçus. Mieux vaudrait comprendre pourquoi existe une telle distance entre les chiffres et la perception qu'en a

---

1. République française, Projet de loi de finances pour 2008. Rapport économique, social et financier. Annexe statistique.

la population. On dispose à ce sujet de quelques explications [1].

La première tient à un fait de société. La recomposition des couples, l'augmentation du nombre de divorces, celle des célibataires font que le nombre de foyers (définis comme regroupement de personnes vivant sous un même toit) s'accroît depuis plusieurs années de plus de 1 % par an, trois fois plus vite que la population elle-même. De ce fait, la croissance du pouvoir d'achat par unité familiale n'est plus que de 1,5 % en moyenne sur les quatre dernières années. Une partie de ces 1,5 % provient des prestations sociales nettes de cotisations, dont la contribution positive a pour contrepartie, hélas, le déficit accru de la Sécurité sociale. Une autre des revenus du capital (loyers, intérêts et dividendes perçus par les ménages) qui ont tendance à augmenter. Il ne reste pour l'évolution du pouvoir d'achat des seuls salaires, mesuré par foyer, qu'un chiffre inférieur à 1 % par an, ce qui est effectivement peu.

Le second aspect que l'on doit noter est l'importance croissante des dépenses dites « contraintes » dans le budget des ménages : biens de première nécessité (de la baguette de pain au fuel domestique), logement, abonnements divers (eau, gaz, électricité, téléphone notamment mobile, télévision). Elles représentaient 20 % des budgets de consommation en 1960, elles se montent

---

1. *Cf.* Daniel Cohen, « Les mystères de la vie chère », *Le Monde* du 8 novembre 2007.

aujourd'hui à environ 40 % et dépassent 50 %
pour le tiers des Français les plus modestes, ceux
qui ont des revenus nets inférieurs à 1 200 euros
par mois. La proportion atteint même 75 % pour
les 20 % de ménages situés tout en bas de l'échelle
des ressources. La demande des biens correspondants est dite « inélastique », ce qui veut dire que le
besoin en est tel qu'une hausse de prix n'entraîne
pas de diminution sensible de leur consommation :
le pouvoir d'achat est alors amputé euro pour euro.
Or, conséquence imprévue de la mondialisation, ce
sont ces biens eux-mêmes dont les prix augmentent souvent le plus vite, alors que baissent en
contrepartie ceux des produits manufacturés (ter-
minaux, écrans plats...) en provenance d'Asie dont
les achats sont plus facilement modulables dans le
temps. Citons encore Daniel Cohen : « La mondialisation renchérit le prix des matières premières, du
fait de la demande croissante qui émane des pays
émergents. La hausse du prix des matières premières, qu'on croyait limitée à l'énergie, se propage
à l'ensemble de ce qu'il faut bien appeler les ressources rares, produits agricoles inclus, et tend à
neutraliser les effets positifs de la baisse du prix des
biens manufacturés sur le pouvoir d'achat [1]. »

La mondialisation, coupable idéale ? Non, mais
plutôt notre mode de développement qui, étendu à
la totalité de la planète, est dans ses formes
actuelles clairement insoutenable. Une pression
croissante est mise sur des ressources naturelles

---

1. *Ibid.*

limitées (gisements miniers, réserves de pétrole, de
gaz, de charbon) et des surfaces agricoles dont
l'extension n'est pas infinie. Cela entraîne une
hausse rapide des prix de l'énergie (qui pèse sur les
dépenses de chauffage et de transport) ainsi que du
coût de la nourriture. En bref, la vie ordinaire
devient plus onéreuse tandis que les produits tech-
nologiques dont les prix ne cessent de baisser
créent de nouveaux besoins sans réduire la
consommation des biens de première nécessité.
Contre un tel phénomène, aucun homme politique
ne peut rien dans l'immédiat. Concevoir, développer et mettre en place un mode de développement
durable est œuvre de longue haleine d'où la démagogie devrait être bannie.

Un autre angle d'attaque est souvent utilisé.
Dans tous les pays, la globalisation de l'économie serait cause d'une montée des inégalités de
revenus. Les classes moyennes en seraient particulièrement victimes : la multiplication des emplois
précaires, la pression exercée par les employeurs
sur les salaires, l'arrêt de l'ascenseur social expliqueraient la faible croissance du pouvoir d'achat de
la partie centrale de la population.

Comme le fait remarquer André Babeau [1], on
retrouve dans cette explication commode notre
fascinant dédain pour l'observation des faits. Les
inégalités de revenus en France sont parmi les plus
faibles de l'ensemble des pays développés, loin derrière celles des Etats-Unis et de l'Angleterre, ce qui

1. *Le Monde* du 11 décembre 2007.

31

n'a rien de surprenant, mais aussi après l'Italie, le Japon et même l'Allemagne notre voisine. Alors que depuis un quart de siècle les inégalités augmentent partout ailleurs, tendance qui justifie l'inquiétude, elles ont nettement reculé en France de 1995 à 2005 après s'être légèrement accrues entre 1980 et 1995. Après redistribution, l'écart de revenus entre le décile supérieur et le décile le plus bas de la population est de 4 en France, de 5 en Allemagne, de 6 au Royaume-Uni, de 10 aux Etats-Unis. Il se situe chez nous très exactement dans la moyenne de l'Europe à quinze. Décidément, tous les moyens sont bons pour nourrir notre laxisme. Curieuse hypocondrie : nous adorons nous attribuer à tort les maux que connaissent d'autres malades, ce qui nous conduit à réclamer les remèdes qu'ils devraient utiliser quand notre état de santé appelle une médecine bien différente.

Du moins, me dira-t-on, vous ne contesterez pas la montée de la pauvreté. Eh bien, si! Est considérée comme pauvre une personne dont le revenu est inférieur à 60 % du revenu médian de son pays. Avec cette définition, internationalement reconnue, la proportion des pauvres dans la population française est passée de 13 % en 1996 à 12 % aujourd'hui, chiffre sensiblement inférieur à la moyenne européenne. Nous avons donc de moins en moins de pauvres, contrairement à une idée bien établie, mais, il est vrai, de plus en plus de bénéficiaires de l'Etat-providence. En effet, les pauvres représentent un quart ou presque de la population avant transferts sociaux et la moitié de ce chiffre après. Notre système de protection sociale divise donc par deux la pauvreté, ce qui en fait l'un des plus efficaces au monde. Mais au prix d'une dépendance accrue, et ressentie comme telle, de millions de gens vis-à-vis d'une machine redistributrice dont les déficits croissants jettent un doute anxiogène sur la pérennité. D'où, peut-être, le pessimisme qui singularise nos citoyens par rapport au reste de l'Europe. La crainte, l'angoisse de l'avenir sont chez nous plus aiguës qu'ailleurs.

D'où vient encore ce sentiment ? Les ménages seraient-ils brimés dans le partage de la richesse nationale ? Se sentiraient-ils à juste titre réduits à la portion congrue dans la répartition de la production, ce qui expliquerait leur ressentiment ? Il n'en est rien. Depuis 2000 jusqu'en 2006, la part du revenu disponible des ménages dans le PIB a légèrement augmenté, passant de 65,5 % à 67 % [1] alors que dans le même temps elle baissait d'un point (de 66,3 à 65,6) dans l'ensemble de la zone euro. Sur la même période, la rémunération brute des salariés, charges patronales comprises, est restée stable autour de 52,5 % du PIB quand elle reculait de plus d'un point dans la zone euro et de quatre points de PIB (de 53,3 à 49,5) en Allemagne, ce qui est considérable. Ni les ménages, ni les salariés n'ont donc été privés de rien, à la différence de ce qui s'est passé ailleurs en Europe.

---

1. Statistiques Eurostat.

33

Il ne reste qu'un motif de mécontentement réel, même s'il relève du symbole plus que des chiffres. Les inégalités de revenus, avons-nous dit, ne se sont pas accrues dans notre pays. Mais les très riches comme les très pauvres, les présidents de sociétés du CAC 40 comme les SDF, échappent aux statistiques. Or les rémunérations des premiers ont beaucoup augmenté depuis sept ou huit ans : selon Camille Landais, chercheur à l'Ecole d'économie de Paris, les très hauts revenus ont fortement progressé entre 1995 et 2008, en contraste avec l'évolution des revenus moyens ou médians. Ainsi, les 3 500 foyers les plus fortunés de France (soit un pour mille du total des 35 millions de foyers fiscaux, ce qui n'est pas quantitativement significatif) ont-ils déclaré en 2005 un revenu moyen proche de 2 millions d'euros : ils l'ont vu s'accroître en termes réels de 43 % depuis 1995 quand la plupart des Français ont dû se contenter d'un pourcentage bien moindre.

Ces *happy few* sont médiatiquement très visibles et constituent une classe à part, celle des *people*, au mode de vie spécifique et à qui sont réservés luxe, jeux et volupté. Ainsi se fait jour un sentiment d'explosion des inégalités apparentes, lié à l'envolée de quelques rares très hauts salaires et à celle des revenus de capitaux mobiliers et des plus-values boursières. Les inégalités de patrimoine se creusent en effet plus vite que celles de revenus et sont renforcées par la hausse des prix de l'immobilier : le logement contribue au ressenti d'inégalité,

au détriment des plus jeunes, au bénéfice des propriétaires qui ne représentent qu'une moitié des
Français.

Dans l'ordre du symbole, le comportement
personnel de Nicolas Sarkozy semble une provoca-
tion. Que tous ses amis proches appartiennent à la
même classe sociale, celle des ultrariches, relève de
sa vie privée. Sauf s'il en fait étalage. De la nuit au
Fouquet's au séjour sur le *Paloma*, le yacht de
Vincent Bolloré, quelques jours après son élection,
tout était fait pour signifier aux Français que leur
nouveau président appartenait au monde des stars
et des milliardaires (même s'il ne l'est pas lui-même).
Ajoutons à ces images délétères l'augmentation
de 172 % du salaire présidentiel, votée aussitôt
après sa prise de fonctions quand, dans le même
temps, le chef de l'Etat s'apitoyait sur le sort de
ceux de ses compatriotes qui ont du mal à joindre
les deux bouts. La promesse d'amélioration du
pouvoir d'achat faite pendant la campagne électorale devient une injure aux citoyens si elle ne peut
être tenue. C'est là que nous en sommes.

Le diagnostic

Or, elle n'est pas près de l'être. Dans la répartition de la richesse nationale, les ménages ont reçu
leur dû, et même un peu mieux. Pouvoir d'achat
et croissance vont du même pas. Il reste une
explication et une seule à la progression ralentie du

premier : le produit à distribuer est lui-même de moins en moins abondant. L'amélioration insuffisante du pouvoir d'achat provient d'un manque de croissance économique : n'inversons pas l'ordre de ces deux facteurs.

De fait, le taux de croissance de l'économie française était de 5 % par an au début des années 1970, avant le premier choc pétrolier (1974). Nous fûmes incapables de l'absorber convenablement et le mal empira avec le second (1979). Première erreur majeure de politique macroéconomique de la France d'après-guerre : ce furent, à la différence de ce qui se passa en Allemagne, les entreprises qui supportèrent le coût des deux chocs, au moins jusqu'en 1983, et la secousse ne fut vraiment résorbée que quatre ou cinq ans plus tard. Sans doute est-ce l'une des raisons pour lesquelles notre taux de croissance est tombé assez brutalement à 2 % en moyenne depuis les années 1980. A partir de 2000, ce chiffre s'est encore réduit à 1,7 %.

L'Europe tout entière connaît une évolution similaire. Mais elle fait plutôt mieux que nous. Dans les années 1960, la croissance française était supérieure de un point par an à celle de l'Union européenne. Nous avons glissé de la tête de la course à la queue du peloton : depuis 1980 nous faisons chaque année un demi-point de croissance en moins. Comme si, après la cassure intervenue à cette date, nous avions eu beaucoup de mal à adapter notre vieux modèle aux nouvelles conditions de développement de l'économie mondiale.

Sa production annuelle ou PIB représente la totalité des richesses qu'un pays produit chaque année, donc ce qu'il gagne par son activité. Ce PIB se confond ainsi, par construction, avec le « revenu national » qui est réparti entre les parties prenantes, ménages et entreprises. Le « PIB par habitant » ou « revenu national par habitant » mesure donc le pouvoir d'achat moyen de la population sur l'ensemble du territoire, pouvoir d'achat dont une partie va certes être laissée dans les entreprises aux fins d'investissement. Mais ce dernier prélèvement (l'autofinancement) a tendance à plutôt décroître en proportion depuis quelques années. Le pouvoir d'achat réellement disponible des ménages, mesuré à leur seul niveau, évolue donc, chez nous, à peine un peu plus vite que le PIB par habitant.

Or, le rythme de progression de ce dernier a bien entendu suivi le taux de croissance et donc beaucoup diminué au cours des dernières périodes. De 4,6 % par an dans les années 1960, il est tombé à 3,1 pendant la décennie suivante, 1,8 durant les années 1980 et 1,6 dans les années 1990. Depuis le début des années 2000, l'augmentation annuelle moyenne du PIB par habitant n'est plus que de 1 %.

Le rythme d'augmentation du pouvoir d'achat moyen a ainsi été divisé par quatre en un peu plus d'une génération. A 4 % l'an de progression annuelle, il fallait moins de vingt ans pour que double le pouvoir d'achat de la population. A 1 % l'an, trois quarts de siècle sont nécessaires pour atteindre le même résultat. On comprend que les Français soient déçus et impatients. Ce qui n'autorise pas leurs dirigeants à dire n'importe quoi.

Ici encore, la situation par rapport à nos voisins européens a basculé autour de la même charnière, le début des années 1980. Jusqu'à cette date, le PIB par habitant augmentait plus vite en France que dans le reste de l'Europe. Depuis, la tendance s'est inversée. Nous jouissons encore d'un PIB par habitant supérieur à celui de la seule zone euro, mais de moins en moins. L'écart qui était de plus de 10 % en notre faveur s'est même depuis vingt ans progressivement annulé avec les quinze pays de l'Union européenne. Nous avons en particulier perdu vingt points (de +10 % à -10 %) en vingt ans, un point par an, en comparaison du Royaume-Uni [1]. Par rapport à l'Europe, le niveau de vie relatif des Français diminue. Enfin, de 1980 à 2005, nous sommes passés de la 6e à la 17e place dans le classement mondial.

Un pouvoir d'achat ne se décrète pas plus qu'un taux de croissance. Le premier ne fait que suivre le second, auquel il est asservi. Cette relation est d'évidence, ce qui rend incompréhensible qu'elle

---

1. L'évolution est semblable par rapport aux Etats-Unis. Entre 1986 et 2006, nous perdons 19 points de PIB par habitant. L'écart en notre défaveur, qui était de 16 % au début de la période, est aujourd'hui de 35 %. Ce qui montre au passage que l'économie britannique a connu, elle, des performances voisines de celles des Etats-Unis.

soit ignorée de tant de grands esprits dont le volontarisme devient de ce fait suspect.

A production donnée, à PIB par habitant donné, il est impossible d'accroître le pouvoir d'achat moyen de la population. On peut bien s'agiter dans tous les sens, multiplier les initiatives, convoquer table ronde sur table ronde, jeter le doute sur la qualité des indices de coût de la vie, mettre les intermédiaires à l'index, limiter artificiellement la hausse de certains prix publics, rien n'y fera : la contrainte qui veut que toute amélioration du pouvoir d'achat est exclue sans augmentation de la production, c'est-à-dire de la richesse nationale, est absolue puisqu'elle a un caractère comptable. Ainsi, tant qu'on ne réussit pas à produire plus, la seule chose que l'on puisse faire est de déshabiller Pierre pour habiller Paul, de prendre aux uns pour donner aux autres : le pouvoir d'achat fait alors l'objet de transferts, circule entre groupes sociaux au gré des affrontements corporatistes. Cette évolution est en général significative d'une perte de lucidité de la part de dirigeants qui pratiquent plus volontiers le populisme que la rigueur d'analyse, la compétition entre groupes sociaux que l'enrichissement de tous, et exacerbent ainsi l'individualisme au détriment de l'effort collectif. Autant de signes d'un début de dérèglement de la société tout entière : il n'est pas sain que ses dirigeants soient les arbitres d'intérêts catégoriels, et rien d'autre. S'il n'y a pas de croissance, le partage des richesses a toutes chances de devenir de plus en plus conflictuel. Pour tous, l'intérêt général laisse place à la satisfaction de soi-même.

De quelques agitations

Quand les mouvements de transfert de pouvoir d'achat interviennent à l'intérieur de la catégorie des ménages, ils sont macroéconomiquement à peu près neutres à défaut de l'être socialement : les bénéficiaires consomment ou épargnent davantage cependant que les donateurs forcés se restreignent, les deux mouvements de sens contraires tendant à s'équilibrer. Ainsi, quand pour lutter contre l'envolée des loyers on modifie leur mode d'indexation fixé par la loi (toujours cette vieille tentation de l'Etat français de s'immiscer dans les relations contractuelles les plus banales, au nom d'un intérêt supérieur non défini), on transfère du pouvoir d'achat des ménages propriétaires aux ménages locataires, et rien de plus. On ne crée pas un euro de pouvoir d'achat nouveau. Quelles seront les conséquences à long terme de ce type de décision sur la construction locative ? La question ne sera pas posée. En quoi les locataires sont-ils socialement plus dignes d'intérêt que les propriétaires dont on exalte par ailleurs les vertus ? Elle ne le sera pas davantage.

Si en revanche ce sont les entreprises qui portent le poids des satisfactions accordées aux ménages (ce qui est le cas, dans l'exemple précédent, quand les propriétaires sont des investisseurs institutionnels), l'atteinte à la compétitivité de l'appareil productif aura *in fine* des conséquences pour la croissance (et donc pour le pouvoir d'achat) négatives. Faute d'une réflexion suffisante sur les effets induits de l'action primaire, on croit avoir amélioré une situation (plus de pouvoir d'achat égale plus de consommation égale plus de croissance) que l'on a en fait détériorée.

On peut à cette aune évaluer quelques-unes des mesures récemment arrêtées ou envisagées par le gouvernement.

La première est l'extension éventuelle des accords de participation et d'intéressement, accompagnée pour les premiers d'une possibilité plus systématique de libération anticipée des sommes bloquées à ce titre. La démarche est sympathique, politiquement et socialement justifiée. L'association plus étroite des salariés de l'entreprise à la répartition de ses profits est à terme un élément important d'amélioration du climat social et de la productivité du personnel, rendu ainsi plus conscient des nécessités de la performance. Dans une situation macroéconomique normale, elle devrait être immédiatement retenue. Dans celle que nous vivons, son adoption irait à l'encontre des intentions affichées. Bien sûr, elle améliorerait dans l'instant le pouvoir d'achat des ménages mais au détriment de la marge des entreprises qui est déjà beaucoup trop faible, comme nous le montrerons plus loin. Accompagnée d'incitations fiscales, elle dégraderait encore une situation budgétaire qui n'a nul besoin de l'être (remarquons au passage comment, pour encourager les acteurs économiques

41

à faire telle ou telle chose, le pouvoir les dispense aisément de payer l'impôt ; ce qui fait de ce dernier une sorte de punition qu'une bonne conduite permettrait d'éviter ou de réduire). Le cumul de ces deux inconvénients l'emporte, et largement, sur l'avantage initial.

La seconde mesure qui mérite examen concerne la distribution. L'idée simple est que, pour défendre le pouvoir d'achat des consommateurs, il faut obtenir des chaînes d'hypermarchés et autres supermarchés une réduction de leurs marges : cas typique de transfert de pouvoir d'achat des entreprises aux ménages. Si on en reste là, le diagnostic est bien établi : effets positifs de premier tour, effets de second tour plus douteux, la moindre rentabilité de la grande distribution ayant normalement pour effet de réduire ses investissements. Cependant, ce raisonnement doit être nuancé si l'on admet que celle-ci bénéficie actuellement d'une rente de situation inutile, artificiellement créée par des pouvoirs publics malthusiens qui, au nom de la défense du petit commerce, l'ont installée en position à la fois de monopole géographique en lui interdisant de s'étendre (et donc de se faire concurrence à elle-même) et de rentabilité excessive en l'empêchant de baisser ses prix autant qu'elle l'aurait pu.

Tel semble bien être le cas. Alors que les marges des entreprises françaises sont en moyenne sensiblement inférieures à celles de leurs homologues européennes, la situation est à l'exact opposé pour le commerce de détail où elles sont devenues largement supérieures. Plus exactement, alors qu'elles se trouvaient antérieurement au même niveau, l'écart s'est creusé depuis l'adoption en 1996 des lois Galland et Raffarin qui ont eu d'ailleurs le même effet sur la branche hôtellerie à laquelle elles s'appliquent également. Il est donc probable que l'intervention maladroite du législateur a eu pour effet de fortement diminuer la pression concurrentielle sur le commerce de détail (aussi bien grande distribution que petit commerce). L'incitation à agir est désormais telle (comment résister aux lamentations des consommateurs qui sont autant d'électeurs?) que l'on va peut-être (enfin!) voir la disparition complète du système byzantin dit des « marges arrière » interdisant aux distributeurs de répercuter sur leurs clients la totalité des réductions de prix obtenues de leurs fournisseurs. Mais cette liberté tarifaire retrouvée qui provoquera sans doute, facteur négatif, une baisse des marges des producteurs n'a de sens que si elle s'accompagne d'une égale liberté d'investissement.

Si la grande distribution est plus efficace, l'intérêt général est qu'elle puisse s'étendre comme elle l'entend et marquer ainsi jusqu'où peut aller sa supériorité. Certes, le petit commerce en souffrira ici ou là, en tout cas dans ses formes les plus inadaptées. Mais les effets globaux de cette double libération (des prix d'un côté, des investissements de l'autre) seraient à coup sûr positifs : diminution des prix pour les consommateurs, disparition de quelques commerçants, réduction des marges unitaires de l'ensemble de l'appareil de distribution et de nombreux producteurs compensée par une extension espérée du volume d'activité, relance de l'investissement et, en fin de compte, création d'emplois. Tout cela est bel et bon si les hommes de pouvoir renoncent à tout contrôler, tout décider dans une sorte de délire administratif qui vise à les rendre populaires auprès d'intérêts particuliers. Ici, l'on peut tenir enfin une réforme économique de bon aloi, aux effets cependant limités, plus limités que ce qu'en dit le gouvernement, qui ne consiste jamais pour Nicolas Sarkozy qu'à corriger les fantaisies antérieures d'un certain Jean-Pierre Raffarin : ministre du Commerce, celui-ci entendait contenir à force de lois et règlements l'expansion de l'urbanisme commercial.

Le retour de l'inflation ?

Il n'est pas très commode, on le voit, de trouver des réformes qui soient vraiment créatrices de pouvoir d'achat, c'est-à-dire de richesses nouvelles. Le bricolage n'y suffit pas. Cependant, me dira-t-on, l'Etat ne peut rester indifférent quand des hausses massives des prix du carburant, de la nourriture, des matières premières viennent lourdement grever les budgets modestes ! Déjà, les défenseurs du retour de l'inflation propagent discrètement leur thèse qui, tel l'air de la calomnie, se fait entendre comme un léger murmure dans les dîners en ville avant de gagner bientôt quelque vigueur. A cet égard, certaines positions de Nicolas Sarkozy candidat ne laissent pas d'inquiéter. Comment ne pas relever cette énorme contre-vérité [1] : « Sur vingt-cinq ans l'augmentation des prix a fait baisser le niveau de vie des salariés, malgré la hausse apparente des salaires » ? On dirait de la prose FO ou CGT dans le texte : plus c'est gros, mieux cela passe.

Dès lors, autant continuer : « Alors que toute l'économie est indexée, alors que tous les prix et tous les tarifs se sont ajustés à la hausse au moment du passage à l'euro, seuls les salaires en dehors du salaire minimum sont restés désindexés et toute l'économie a eu tendance à s'ajuster sur leur dos. » Admettons un instant, pour les besoins de la démonstration, cette reconstruction approximative de notre histoire économique. Si les salariés sont depuis un quart de siècle les victimes d'une indexation généralisée dont ils seraient seuls à ne pas avoir le bénéfice, il faut que leur spoliation permanente ait quelque contrepartie chez les autres agents économiques. Puisque pendant cette période notre pays a quand même connu une certaine croissance, on doit retrouver dans le partage du revenu national les traces du déplacement dont les salariés auraient souffert. On a vu qu'il n'en était rien.

Si le diagnostic est à ce point faux, le remède proposé devient fou. Continuons notre explication de texte : « Je propose que [...] dans chaque

---

1. *Ensemble*, XO Editions, 2007, p. 129.

branche, dans chaque entreprise, en fonction de la situation économique, des clauses d'indexation puissent être librement négociées [...]. Si je suis élu, je ferai abroger l'ordonnance de 1959 qui pose le principe général de l'interdiction des clauses d'indexation. » Vive le retour de l'échelle mobile des salaires ! Dieu merci, cette promesse-là du candidat ne sera pas tenue. Mais celui qui est capable d'écrire pareilles bêtises ne l'est pas de redresser l'économie du pays. La France a mis dix ans après le second choc pétrolier pour sortir de sa vieille culture inflationniste, cette drogue de la IVe République dont abusaient syndicats, patronat et dirigeants politiques au nom du « grain à moudre » et du consensus social. Hausses de salaires et hausses de prix s'y succédaient, notre compétitivité externe étant rétablie par d'incessantes dévaluations. Il a fallu dix années de désinflation compétitive, suivant l'expression inventée par Jacques Delors, pour remettre notre pays dans la course européenne.

La conséquence d'un retour aux enchaînements des hausses de prix et de salaires serait terrible. Avec l'euro, aucune dévaluation ne peut plus corriger une trajectoire impossible. Aucune sanction à valeur d'empêchement n'est à attendre de Bruxelles qui condamne les déficits budgétaires excessifs, non les dérapages inflationnistes. Toute perte de compétitivité dont nous porterions l'entière responsabilité se traduirait aussitôt par un effondrement des exportations et un accroissement du chômage qui serait la seule et douloureuse variable d'ajustement : la dégradation actuelle de notre commerce extérieur montre trop bien que le danger n'est pas imaginaire. Est-ce vraiment un service à rendre aux salariés ? Il n'y a pas deux réponses à la question posée, mais une seule, toujours la même. Pour créer du pouvoir d'achat, il faut produire davantage et donc, quelle que soit la conjoncture, protéger la compétitivité de l'appareil productif. L'inflation est à cet égard détestable puisqu'elle implique les entreprises dans un choc de rareté qui devrait être absorbé par les seuls consommateurs. Si les prix de tels biens économiques de première nécessité augmentent brutalement, il est inévitable que le pouvoir d'achat de la population concernée diminue mécaniquement d'autant. La moins mauvaise solution est que les consommateurs supportent la hausse des prix (par diminution de leur taux d'épargne ou par modification de leur structure de dépenses) sans rien demander en contrepartie. Chacun est alors frappé à hauteur de ce qu'il consomme (ce qui, après tout, est équitable), sans répercussion sur le fonctionnement des entreprises. Celles-ci, simples transmetteurs de coûts, se contentent de répercuter dans leurs prix la charge nouvelle, et elle seule, dont elles sont l'objet : en effet, elles utilisent directement dans leur processus de production certaines des matières premières sujettes à la hausse (ainsi du fuel pour les pêcheurs et les transporteurs routiers, des minerais pour l'industrie ou de l'énergie pour l'ensemble du système productif).

On ne peut donc échapper au prélèvement sur le pouvoir d'achat. Mais, bien entendu, grande est la tentation pour chacun de le reporter sur autrui. Un Etat conscient, qui entendrait dans de telles circonstances aider les plus modestes, organiserait par l'impôt un transfert des riches aux pauvres suivant des critères explicites de niveaux de revenus et sans toucher en quoi que ce soit à la formation des prix. La pire des choses serait bien de laisser se développer une spirale d'indexation des salaires sur les prix : de ce point de vue, Jean-Claude Trichet a raison. Les salariés transféreraient ainsi le poids de l'ajustement sur les entreprises (ce qui se passa, comme on l'a dit, lors des deux chocs pétroliers de 1974 et 1979). Ces dernières, à leur tour, augmenteraient leurs prix, ce qui porterait atteinte à leur compétitivité externe et renverrait la charge finale vers ceux des consommateurs qui n'auraient pas les moyens d'obtenir une indexation de leurs revenus (chômeurs, retraités, rentiers). L'inflation, comme l'Etat-providence, pèse sur le système productif. Mais elle fonctionne à l'inverse : elle transfère de manière aveugle du pouvoir d'achat des inactifs aux actifs, des pauvres aux riches. On y reviendra à propos de la TVA dite sociale.

*

Combien de mathématiciens amateurs, confiants en leur génie propre, passent leur temps à dresser la démonstration de théorèmes impossibles ? Ainsi de la quadrature du cercle qui donna lieu à mainte littérature visant à établir sa validité longtemps après qu'il fut prouvé que ces tentatives n'avaient aucune chance d'être fondées. Augmenter le pouvoir d'achat d'une population sans accroître le volume des richesses distribuables relève au mieux de la quadrature du cercle si on laisse à l'artiste le bénéfice de la sincérité, au pire du jeu de bonneteau.

Nicolas Sarkozy était persuadé de pouvoir résoudre la quadrature du cercle. Du moins a-t-il réussi à en convaincre les Français pendant la campagne électorale. Chacun aujourd'hui tombe de haut, les Français par déception, le Président dans les sondages. Il est temps, grand temps, de devenir sérieux et de s'intéresser enfin aux fondamentaux de l'économie.

3

Le mal français

Fallait-il vraiment, sous la présidence de Jacques Attali, réunir une commission de quarante éminentes personnalités pour découvrir quels sont les obstacles à la croissance économique de notre pays ? « Quand on veut enterrer un problème, on nomme une commission », disait Clemenceau. A peine arrivé à l'Elysée, le nouveau président de la République eut besoin de moins de réflexion pour dépenser une bonne douzaine de milliards d'euros en cadeaux fiscaux aux ménages qui n'en demandaient pas tant.

L'intitulé même de la mission et le choix de son président étaient chargés de réminiscences significatives. Le premier renvoie au rapport Rueff-Armand de 1959, donc au général de Gaulle et à son œuvre de redressement du pays, dont on veut montrer que l'on suit l'inspiration. C'est oublier que le rapport en question, établi par des auteurs de sensibilité libérale qui entendaient moderniser le « cher et vieux pays », n'avait pas pour axe central une réflexion macroéconomique sur le taux de croissance (à l'époque, le problème ne se posait pas : tel un arbre planté dans une terre fertile, l'économie poussait toute seule) mais la lutte contre une inflation nourrie de rentes de situation. Mettant en cause maints archaïsmes français, il ne fut jamais appliqué par un pouvoir trop conservateur pour bousculer le conservatisme. Triste présage... Au demeurant, le mal français est trop massif pour relever d'une liste impressionniste de remèdes partiels. Ce n'est pas en ouvrant l'accès aux professions de géomètre-expert ou de chauffeur de taxi, de notaire ou de pharmacien que l'on traitera la langueur dont souffre notre économie.

Quant à Jacques Attali, sa désignation ne donne pas seulement à voir un désir d'ouverture. Le nouveau conseiller *in partibus* du chef de l'Etat n'était pas là simplement pour déplacer les lignes entre la droite et la gauche et donc accroître la confusion de cette dernière. Sa présence révèle subtilement une continuité profonde : il fut en sa jeunesse le principal inspirateur, avec Laurent Fabius, du programme économique de François Mitterrand lors de la candidature à la magistrature suprême puis, après la victoire où il eut sa part, le maître désigné de sa bonne application. « Chasse la nature avec une fourche, elle reviendra toujours. » La gauche de mai 1981 avait quelques circonstances atténuantes, quelque excuse historique à se précipiter avec enthousiasme vers la relance par la dépense publique et la consommation des ménages, au-delà de toute raison : elle avait été écartée du pouvoir pendant plus de vingt ans. La démagogie propice à ses desseins de reconquête pouvait se cacher sous l'ignorance, l'irréalisme derrière le rêve utopique entretenu pendant tant d'années d'opposition et devenu un efficace slogan de campagne («changer la vie»). Nicolas Sarkozy n'en a aucune. Le plus drôle est d'ailleurs que l'instrument a échappé à son maître : Jacques Attali, instruit par l'âge et l'expérience, a développé, à la surprise sans doute de qui l'avait nommé, un diagnostic et des thèses en partie voisins des miens. «La vérité, c'est que le pouvoir d'achat augmente trop vite par rapport à notre compétitivité», a-t-il récemment déclaré [1]. Quel plaisir pour moi de saluer cette convergence après les désaccords d'autrefois !

De quelles maladies sommes-nous atteints ? D'un déficit budgétaire qui fait de nous le plus mauvais élève de la classe européenne, d'un déficit record et qui va continuer à s'aggraver de notre commerce extérieur, de pertes de part de marché considérables à l'exportation, d'un niveau de chômage parmi les plus élevés des pays développés même s'il diminue, enfin d'un taux de croissance insuffisant, lui-même fruit d'un investissement médiocre et d'une productivité par tête trop basse.

Un tel désordre n'est pas conjoncturel mais structurel : le réglage de notre machine macroéconomique est mauvais. Dit plus simplement, nous essayons continûment de vivre au-dessus de

---

1. *Le Point* du 22 novembre 2007.

nos moyens, en vain bien entendu, et nous payons sans cesse le coût de ce déni de réalité. Nulle malédiction, cependant, ne nous asservit à ce triste constat. Mais plutôt, gauche et droite réunies, la longue méconnaissance par nos dirigeants des règles de fonctionnement d'une économie productive. Leur inculture sert trop souvent de paravent à leurs intérêts électoraux. Une pensée unique les anime, la relance par le pouvoir d'achat et la consommation, pensée qu'ils croient favorable au renouvellement de leurs mandats mais nous condamne en fait à une forme de stagnation. François Mitterrand, Jacques Chirac, Nicolas Sarkozy : l'immobilisme persistant est hélas plus marqué que la rupture.

Croissance et investissement

La peinture est-elle trop sévère? Le lecteur nous excusera de repartir de la science la plus élémentaire. Ce que produit chaque année un pays (son PIB ou plus simplement sa production) vise à satisfaire ses besoins de consommation d'une part, d'investissement de l'autre. Le total des deux forme ce qu'on appelle la demande interne.

Quelle est la différence entre les deux notions? Les biens de consommation disparaissent du circuit économique dès que vendus aux ménages auxquels ils sont destinés et dont ils nourrissent le niveau de vie. Augmenter la prospérité d'une population, objectif central et légitime de toute politique macroéconomique, c'est sur la durée accroître le volume et la valeur de ses consommations. En France, celle des ménages représente aujourd'hui 56 % du PIB. D'où une première question, d'apparence un peu naïve, aux dirigeants du pays : que pensez-vous devoir faire ? Vaut-il mieux, pour améliorer de manière durable le niveau de vie des citoyens, faire croître le PIB le plus vite possible, sans toucher à la proportion de l'investissement d'un côté, des biens et services qu'ils consomment de l'autre ? N'est-il pas plus simple, plus immédiat, plus expéditif, en un mot plus sarkozyen, d'augmenter la seconde (à PIB donné) et donc de modifier au profit des consommateurs le partage de ce qui est produit ? Plus de consommation instantanée et tout ira mieux...

Les biens d'investissement, en revanche, ne sont pas destinés à la satisfaction directe des ménages. Ils viennent de façon continue accroître le stock de biens de capital (infrastructures, usines, machines, brevets, licences...) mis en œuvre par l'appareil productif. Une fois produits, ils ne disparaissent que lentement, sur plusieurs années, au fur et à mesure de leur amortissement. Plus une économie est développée, plus elle est capitalistique : l'utilisation d'une grande quantité de biens de capital accroît la productivité de la main-d'œuvre. On produit plus vite et mieux avec l'aide de la machine et de l'informatique. L'investissement dit « brut », c'est-à-dire la production de

55

nouveaux biens de capital, est donc nécessaire, d'abord pour compenser l'amortissement, la disparition progressive (à hauteur de leur usure ou de leur obsolescence) du parc d'installations, machines, procédés et logiciels existants, ensuite pour en augmenter le cas échéant la valeur. L'investissement brut (« formation brute de capital fixe », selon le jargon des comptables nationaux) atteint dans notre pays environ 20 % du PIB [1]. L'investissement net mesure, lui, la variation annuelle, positive ou négative et après amortissement, du stock de capital. Ou, dit plus simplement, l'augmentation nette d'une année sur l'autre des capacités de production. En effet, consommer davantage n'est pas possible très longtemps si l'outil de production ne grandit pas simultanément.

La capacité de production existante s'accroît donc chaque année, par définition, de l'investissement net. Le rapport de celui-ci à celle-là, de l'investissement net au stock de capital existant, ce rapport appelé « taux d'investissement » joue un rôle clé puisqu'il donne le taux de croissance annuel de l'outil de production. L'investissement est ainsi le moteur du système, l'élément dynamique qui, à lui seul, le met en mouvement en y introduisant le principe de croissance. Si l'économie

---

1. 56 % du PIB pour la consommation plus 20 % pour l'investissement brut ne font pas 100 %. L'essentiel de la différence provient de la dépense des administrations publiques (Etat, collectivités locales, hôpitaux). On verra dans le chapitre suivant le rôle du budget dans les déséquilibres français.

se développe de manière harmonieuse, équilibrée dans toutes ses composantes, elle finit par suivre tout entière, comme un orchestre la baguette de son chef, le rythme défini par l'augmentation en volume de ses moyens de production. Son taux de croissance suit son taux d'investissement net, qui est pour ainsi dire un taux directeur. La production, la consommation, le revenu des ménages et leur pouvoir d'achat croissent parallèlement au stock des biens de capital, à la capacité de production. Faut-il ajouter à l'attention particulière des hommes politiques de gauche que l'investissement n'est rien d'autre qu'un ajout à l'accumulation antérieure de capital productif, ce qui devrait laisser cette notion exempte de toute suspicion idéologique?

Une telle présentation, pour schématique qu'elle soit, permet de mettre en évidence la « règle d'or » d'une politique macroéconomique de croissance : sous des conditions assez générales, il existe un taux d'investissement et un seul qui maximise le niveau de vie futur d'une population. L'intuition en est assez claire, qui permet de préciser les déterminants de l'arbitrage consommation / investissement. Reprenons l'apologue de la tribu des pêcheurs, bien connu des étudiants de première année de sciences économiques : il n'existe au bord de la lagune qu'un seul bien de consommation, le poisson. Si la pêche à mains nues est la seule technique pratiquée par les membres de la tribu, le nombre de poissons attrapés restera faible, le niveau de vie bas et stationnaire. L'investissement dans un bien de capital – la canne à pêche – améliore beaucoup la productivité des opérateurs et donc le niveau de vie moyen. Encore faut-il trouver la bonne mesure dans la répartition des forces vives entre pêcheurs (dont le produit doit faire vivre toute la population, producteur de biens d'équipement compris) et fabricants de cannes à pêche, déchargés de la recherche de leur propre nourriture.

Si une société consacrait à la production de biens de capital l'intégralité de ses efforts, elle verrait son économie croître très vite mais ne consommerait jamais rien (la Chine investit, bon an mal an, près de 50 % de son PIB, plus du double de nous, et connaît depuis une décennie un taux de croissance supérieur à 10 % dont le consommateur chinois tire, par comparaison, un bénéfice limité). Trop de fabrication de cannes à pêche pour trop peu de pêcheurs de poisson, dirait l'observateur extérieur. A l'inverse, une économie qui affecterait à la consommation l'intégralité de ses revenus aurait, faute d'investissement, un taux de croissance du PIB par tête nul, ou voisin de zéro si l'on fait l'hypothèse optimiste que la population active est capable de modestes progrès de productivité à stock de capital invariant : trop de pêche à mains nues à cause d'une production de cannes à pêche insuffisante.

Il existe donc une zone où la privation instantanée de consommation au profit de l'investissement permet, mais plus tard, de consommer davantage. On sent bien que l'équilibre optimal entre les deux grandeurs fait intervenir le déroulement du temps, la préférence pour le présent et la rentabilité de l'investissement : combien veux-je recevoir de biens consommables demain pour accepter de me restreindre aujourd'hui ? Taux d'intérêt et taux de profit ne sont pas loin.

En bref, l'une des variables cruciales d'une bonne politique économique devrait être le taux d'investissement des entreprises. Est-il suffisant ou pas ? Investissons-nous trop ou trop peu ? Les 56 % de consommation des ménages dans le PIB sont-ils ou non excessifs (la question posée précédemment n'était donc pas si naïve) ? Personne n'a l'air, parmi nos dirigeants, de simplement se douter que de telles interrogations puissent faire sens. Le silence règne à propos de l'arbitrage consommation / investissement qui devrait pourtant constituer une question centrale du débat économique.

Allons plus loin : à écouter les débats des hommes politiques, on a l'impression que le mot « investissement » est entaché de grossièreté. On ne l'entend presque jamais, si ce n'est en incidente dans des discours consacrés à d'autres sujets. Formation, qualification, université, recherche, innovation sont autant de compartiments de l'effort global d'investissement qui ne suffisent pas, et de loin, à l'épuiser. Ce sont de jolis mots, propres, des mots politiquement corrects. Mais qui forme, qui qualifie, qui fait de la recherche? Uniquement l'école, seulement le CNRS? Qui innove et conçoit de nouveaux produits, les développe, les fabrique et les met sur le marché? On ne le saura pas. Comme si droite et gauche étaient de connivence pour éviter de parler de l'acteur majeur de tout investissement productif, je veux dire l'entreprise, avec ses marges et ses taux de profit. Venant de la gauche française ce n'est, hélas, pas surprenant. De la droite qui nous gouverne, c'est à la fois incompréhensible et inquiétant.

Un défaut de compétitivité

Revenons aux relations entre les grandeurs réelles de l'économie, la production et ses destinations. L'économie française est ouverte sur l'étranger : les exportations dans un sens, les importations de l'autre, représentent 27 à 28 % du PIB. En cas d'équilibre du commerce extérieur, les deux chiffres sont exactement égaux et leur différence s'annule.

Supposons que la production soit supérieure à la demande interne : cela veut dire qu'existe une quantité nette de biens et services qui partent au-delà des frontières sans donner lieu à importations en contrepartie. Les exportations l'emportent sur les importations, le solde du commerce extérieur est excédentaire. Et inversement, déficitaire si la demande interne dépasse la production : l'étranger comble alors l'insuffisance.

Un regard sur les chiffres : depuis 2001, année après année, sans aucune interruption, la consommation des ménages augmente en France plus vite que le PIB. Comme il en va de même, à la seule exception de l'année 2002, de l'investissement, cela fait sept ans que la demande interne se développe plus rapidement que la production. Les conséquences de cet état de fait sont mécaniques : le solde des échanges de biens et services qui était encore positif en 2001 (1 % du PIB) s'est dégradé avec une grande régularité jusqu'à être en 2007 déficitaire à hauteur de plus de 2 % du PIB. A l'exception de 2001, il faut remonter à 1997 pour retrouver une contribution positive des échanges extérieurs à la croissance (c'est-à-dire une amélioration année sur année du solde du commerce extérieur). Depuis l'an 2000, la production a augmenté d'environ 15 %, les importations de plus du double : près de 45 %. Les chiffres sont encore pires pour les seuls produits industriels : la demande intérieure a progressé de 14 %, les importations de 34 % et la production nationale de 4 %.

Un esprit simple en déduirait que nous avons un problème non pas de demande mais d'offre et que relancer la première ne fera que mettre davantage en évidence l'incapacité de la seconde à suivre le rythme ainsi imposé. Que nenni, répond le pouvoir, vous n'y comprenez rien, offre et demande vont ensemble. L'affirmation est habile mais superficielle. Quelle serait alors la cause d'une telle dégradation? S'agirait-il d'une faiblesse générale de la demande en provenance de l'étranger qui expliquerait notre difficulté à exporter? Point du tout. La croissance mondiale, à plus de 5 % par an depuis 2002, est exceptionnellement forte. Pourquoi ne sommes-nous pas capables d'en tirer parti, pourquoi notre production n'embraye-t-elle pas sur celle de nos clients qui, d'une certaine façon, décollent en nous laissant sur place? Au cours des sept dernières années, le commerce mondial a progressé de 53 %, nos exportations de seulement 21 %. La part de marché de la France, c'est-à-dire le rapport en valeur de nos exportations à celles des 24 principaux pays de l'OCDE, est demeurée stable entre 1980 et 1992 (8,2 % au début de la période, 8,3 % à la fin). A partir de 1993 (notons bien cette date), elle se met à reculer continûment : un demi-point de moins en 1998 (7,8 %), un deuxième demi-point perdu en 2003 (7,3 %), un troisième en 2005 (6,8 %) : le mouvement tend à s'accélérer.

Serait-ce le coût du pétrole et l'envolée de la facture énergétique qui expliqueraient cette évolution? Nous ne sommes pas le seul pays développé à connaître cette dépendance, et surtout le solde commercial hors énergie est devenu lui-même négatif en 2007. Serait-ce plutôt la surévaluation de l'euro par rapport au dollar, au yuan, au yen, qui entraverait les exportations de la zone euro, et les françaises parmi elles ? Si tel était le cas, comment expliquer que les pays du nord de l'Europe, notamment l'Allemagne et les Pays-Bas, obtiennent avec le même euro des excédents considérables et en augmentation rapide (5 % du PIB pour la première, 9 % pour la seconde) et que nous soyons déficitaires dans nos échanges avec l'une et l'autre ? Notre déficit le plus important, près de la moitié du total, est avec l'Allemagne ! Comment expliquer encore que la balance extérieure courante de la zone euro tout entière qui était à l'équilibre en 2001 le fût toujours en 2006 (ce qui conduit à relativiser les affirmations suivant lesquelles la surévaluation de la monnaie européenne serait la source de tous nos maux) ? Dans le même temps, la nôtre est passée d'un excédent de 2 % du PIB à un déficit de 1,2 % (soit plus de trois points de PIB perdus en six ans, 0,5 par an).

Dit autrement, il pourrait sembler normal que notre part de marché à l'exportation recule par rapport au monde dans son ensemble, compte tenu de la rapide montée en puissance des producteurs de matières premières (Moyen-Orient, Russie) ou des pays jouant à plein régime sur la scène mondiale de l'avantage compétitif que leur confèrent des coûts de main-d'œuvre très bas (Inde et Chine). Mais nous souffrons également par rapport aux autres pays de l'Union européenne. Si nous avions maintenu notre part de marché dans le total des exportations de la zone euro depuis 1998, nous aurions vendu en 2007 pour 100 milliards de plus de biens et services à l'étranger, soit plus de cinq points de PIB. Notre faiblesse externe nous coûte bien depuis dix ans de l'ordre d'un demi-point de croissance par an.

On entend aussi souvent dire que la France serait handicapée par une mauvaise spécialisation à la fois sectorielle et géographique de ses industries exportatrices. L'argument mérite discussion : si telle est la vérité, elle est certainement ancienne. Pourquoi expliquerait-elle soudain à elle seule la dégradation récente de notre commerce extérieur ? La part de marché de notre pays dans le total des importations de l'Asie, sans être mirifique, a d'ailleurs augmenté depuis l'an 2000. Elle a évolué de même au Moyen-Orient, et elle est demeurée stable en Europe de l'Est. C'est donc surtout dans les pays développés, en Afrique et en Amérique latine, que nous avons perdu du terrain, sans pouvoir le regagner complètement ailleurs. En fait, c'est à l'intérieur même de l'Union européenne que la dégradation de nos échanges est la plus marquée.

Si l'observation a néanmoins quelque fondement, surtout en comparaison de la situation de l'Allemagne (qui, forte de ses fabrications de biens d'équipement, exporte par exemple quatre fois plus que nous en Chine), elle soulève la question de notre compétitivité. Enfin, nous y voilà ! Car ce que montrent les chiffres précédents, c'est bien que la demande existe mais qu'elle n'est pas prête à payer le prix de nos produits, à en accepter le coût. Manquons-nous de produits adaptés? Ou ceux dont nous disposons seraient-ils trop chers? Souffrons-nous d'une insuffisance de PME exportatrices, d'une carence de nos circuits de commercialisation à l'étranger? Dans tous les cas, ce n'est pas la demande qui est défaillante, mais l'offre. Les exportations françaises qui représentaient 55 % de celles de l'Allemagne à la fin des années 1990 ne se montent plus qu'à 40 % de celles-ci aujourd'hui : nous avons perdu quinze points en dix ans.

Le clou mérite d'être enfoncé. Regardons les indices de compétitivité de nos entreprises exportatrices par rapport à leurs concurrentes. La compétitivité-coût est définie comme le rapport des coûts salariaux moyens des 24 principaux pays de l'OCDE par rapport à ceux de la France. Une hausse de l'indicateur signifie une amélioration de notre compétitivité, et inversement pour une baisse. Le point le plus élevé a été atteint en 2000 (112,9). Depuis, la détérioration est à la fois continue et rapide puisque nous ne sommes plus en 2006 qu'à 99,6 : la perte est de presque deux points par an. La compétitivité-prix à l'exportation, définie de manière similaire, suit la même pente, mais de manière moins accusée : de 110,3 en 2000 à 108 en 2006. C'est dire que les exportateurs français, exposés depuis sept ans à une hausse de leurs coûts relatifs de 13 %, pour maintenir autant que faire se peut leurs débouchés, n'en ont répercuté que 2 sur leurs prix et absorbé 11 par une réduction de leurs marges. Ce qui, néanmoins, n'a pas suffi à la défense de leurs parts de marché.

D'où une première et importante conclusion : l'effondrement de notre commerce extérieur depuis 2000 est la conséquence directe, mécanique, d'un recul impressionnant de notre compétitivité relative. Vérité désagréable et donc méconnue pour ne pas dire niée, nos coûts salariaux ont progressé trop vite.

La diminution des marges

Si tel est le cas à l'exportation, de fortes chances existent que le mal soit endémique et s'étende à la totalité des entreprises, qu'elles travaillent pour les marchés intérieur ou extérieur. Pour en juger, il faut apprécier l'évolution de leurs marges depuis quelques années.

Le partage de la valeur ajoutée des entreprises entre salaires (cotisations sociales comprises) et excédent brut d'exploitation (amortissement du capital, intérêts sur la dette et impôts directs inclus, ce que l'on oublie trop souvent de préciser) est le point du diagnostic le plus sujet à controverse et où règne la plus grande confusion. La gauche trouve tellement commode d'appeler « bénéfice des entreprises » ou « rémunération du capital » tout ce qui dans la valeur ajoutée n'est pas de la masse salariale ! Ajoutant sans barguigner l'erreur à l'ignorance, confondant marge brute d'exploitation et profit net, elle prétend aussitôt, au terme d'un savant glissement de vocabulaire, que les revenus du capital augmentent beaucoup plus vite que ceux du travail.

Aurait-elle quelques justifications à le faire ? Telle est bien l'évolution qui prévaut depuis plusieurs années dans nombre de pays développés : États-Unis, Allemagne, Grande-Bretagne. Mais la présomption que crée la similitude de situation n'est pas une preuve. Il est vrai aussi que le montant des profits des sociétés cotées du CAC 40, de Total à Vallourec, apporte quelque aliment à cette thèse. Ces entreprises monopolisent l'attention des médias. Les journaux et magazines, la presse spécialisée, les émissions radiophoniques, celles de télévision racontent à l'envi leurs exploits ou leurs malheurs. De ces sociétés, les actionnaires, les gestionnaires d'actifs, les banquiers, les analystes financiers attendent des rentabilités sans cesse plus élevées. Leurs présidents, riches de montagnes de stock-options quand le succès boursier, hasard ou nécessité, accompagne leurs décisions sont sans cesse interpellés sur la place publique afin de glorifier leur action ou se justifier de leurs difficultés. Après celles du cinéma et de la chanson, du sport, du monde politique, une quatrième catégorie d'étoiles est apparue au firmament des élites dorées : celle des grands chefs d'entreprise, friands de contacts avec les hommes de pouvoir et dont le métier, récompensé par la fortune, semble être de fabriquer des profits, de plus en plus de profits.

Qui s'arrête là oublie que les sociétés du CAC 40, si elles focalisent l'attention du public, ne sont guère représentatives du tissu productif français. Leur production sur le territoire national ne se monte sans doute qu'à environ 15 % de la valeur ajoutée de l'ensemble des entreprises, leur activité se situant majoritairement au-delà des frontières. De même pour leurs résultats qui, à hauteur de près des trois quarts, proviennent de leurs filiales étrangères et dont la part nationale ne doit pas s'élever à plus du cinquième du profit total des sociétés de l'Hexagone. Certes, nombreuses sont les grandes entreprises françaises très compétitives. Mais le jeu de la mondialisation et la conquête de terres plus ou moins lointaines par un capital fortement expatrié font qu'il n'y a plus de coïncidence automatique entre compétitivité de nos champions internationaux et compétitivité du territoire. La bonne santé des géants du CAC 40 ne nous dit rien sur celle de nos PME dont les débouchés sont pour l'essentiel internes.

S'intéresse-t-on au partage de la valeur ajoutée sur le sol français ? Ecoutant les uns ou les autres, de tous bords, de toutes opinions politiques, on pourrait croire que prévaut le même mouvement : de plus en plus de place au profit, de moins en moins au salaire. Que la gauche de la gauche, les

altermondialistes, les économistes d'Attac le prétendent n'a rien d'étonnant : pour eux, la caractéristique
principale du capitalisme mondialisé est, depuis
quelques années, la baisse de la part de valeur
créée par le travail qui revient aux salariés (et donc,
en termes marxistes, l'augmentation du taux
d'exploitation de la main-d'œuvre).

L'observation est vraie pour les pays de l'Union
européenne, ainsi que pour les principaux pays
développés. Elle est fausse pour la France. Pourtant, toutes les forces politiques de gauche et
l'ensemble des organisations syndicales entonnent
volontiers la même antienne. Pourtant, ce qui est
plus surprenant, celle-ci est reprise avec insistance
par de nombreux responsables ou conseillers de
l'actuelle majorité. Le cher Jacques Attali se
repent avec célérité d'une idée juste («la liberté
d'un pays, c'est sa compétitivité ») par une joyeuse
enfilade de contre-vérités : « J'ajouterai qu'à cause
de la globalisation du marché [...] le partage
salaires / profits a basculé du côté des profits [...].
Certaines statistiques disent qu'il y a eu depuis dix
ans un basculement de 7 points au détriment des
salaires [...]. Pour ce qui est du pouvoir d'achat, il
faut certainement modifier le partage salaires /
profits. Nous réfléchissons à des moyens [...] pour
que les revenus du travail reçoivent beaucoup
plus [1]. » Jean-Paul Fitoussi, économiste réputé de
gauche mais écouté par le président de la République, déclare : «La part des salaires a beaucoup

---

1. *Le Point*, du 22 novembre 2007, art. cité.

trop baissé au cours des années 80 [1].» Alain Minc ajoute son grain de sel en forme d'affirmation doublement erronée : «Les entreprises font des profits importants et elles sont assez peu endettées. Elles ont donc tous les moyens d'investissement [2].» Le secrétaire national à l'économie de l'UMP et député des Hauts-de-Seine, Frédéric Lefebvre, fixe comme objectif de «renforcer la place du travail par rapport au capital dans le partage de la valeur». Il ne reste plus au général en chef, je veux dire Nicolas Sarkozy, qu'à dresser en impératif gouvernemental la synthèse de tant d'erreurs. Il le fit avec son brio habituel lors de sa conférence de presse du début de l'année 2008 : «Les exonérations de charges seront conditionnées aux négociations salariales [...]. En 2008, la politique de civilisation s'exprimera dans notre capacité à mieux partager les rentes et les profits, à partager plus équitablement les résultats des efforts de tous. C'est pourquoi nous allons aller beaucoup plus loin en matière de participation et d'intéressement [...]. Il faut rééquilibrer la répartition des conséquences du succès entre les salariés et les actionnaires.»

Certaines convergences ne laissent pas d'intriguer. L'intelligence analytique, didactique, démonstrative de Lionel Jospin lui permet d'affirmer en tous domaines des convictions fortes et respectables. Mais qui ne sont pas autant de

---

1. *Challenges*, n° 106 du 10 janvier 2008.
2. *Le Point* du 10 janvier 2008.

preuves de compétence. Devenu gardien du temple
depuis sa défaite aux élections présidentielles de
2002, il répète de discours en article, d'article en
essai, sa détestation idéologique du capital qui a
peut-être coûté à cet homme éminent un destin historique : comment peut-on bien gouverner avec de
telles œillères ? Il persiste encore aujourd'hui et
recommande de « relever la part des salaires par rapport aux profits pour à la fois armer et équilibrer
notre économie. Ce serait une façon de redonner
aux Français des repères [1] ». Drôles de repères qui
ont pour effet d'égarer. Suivrait-on le conseil, et
l'économie française continuerait d'être chaque
jour davantage désarmée et déséquilibrée. Quel
malaise de voir Nicolas Sarkozy et Lionel Jospin pro-
fesser les mêmes erreurs : démagogie de droite et
démagogie de gauche, également ancrées, se rejoi-
gnent. Ce qui montre à quel point le mal est profond.
   D'autant que son extension est inattendue. A
notre brillant duo vient se joindre une voix fémi-
nine. Ségolène Royal interroge en ces termes les
militants du parti socialiste : « Il faut rééquilibrer
le rapport de forces entre le travail et le capital par
une meilleure répartition du profit. Quels contre-
pouvoirs dans l'entreprise [2] ? » Candidate du
renouveau, elle a tout faux avant même de
commencer, ce qui ne l'empêchera pas nécessairement de gagner d'autres combats. Serions-nous

---

1. *Le Monde* du 22 mars 2008.
2. « Comment le congrès du PS peut-il être utile aux Français ? », avril 2008.

pour autant mieux lotis ? Faut-il préférer Bertrand Delanoë ? Ce libéral anticapitaliste vient d'ajouter sa voix à ce chœur dissonant : il réclame une taxation des revenus du capital et, comme Nicolas Sarkozy, une révision des exonérations consenties aux entreprises qui refuseraient des augmentations salariales [1]. A quoi sert de changer nos dirigeants s'ils professent tous les mêmes inepties ?

Cet aveuglement collectif est bizarre. La vérité n'est pas seulement ignorée, mais travestie au point que l'on fait dire aux chiffres l'exact contraire de ce qu'ils expriment. Que des personnalités aussi avides d'exercer le pouvoir ne fassent pas l'effort élémentaire d'aller jeter elles-mêmes un œil sur les données de la comptabilité nationale dépasse l'entendement. La question est quand même sérieuse : faisons-le à leur place, ce pour quoi elles ne manqueront pas de nous remercier...

Pour lutter contre cette pernicieuse idée reçue, la maltraitance des salariés sacrifiés au profit, on s'appuiera sur les publications gouvernementales les plus officielles dont on pourrait s'attendre que les ministres de la République les parcourent : les chiffres sont ceux de l'INSEE, aux pages 14 et 69 de l'annexe statistique au projet de loi de finances pour 2008, document établi à l'intention des parlementaires, de tous les parlementaires, en préface du débat budgétaire. N'auraient-ils donc rien lu de ce qu'ils devraient ?

---

1. *Le Monde* du 10 juin 2008 : « Pour un congrès de vérité ».

Laissons de côté les entrepreneurs individuels, les commerçants, les artisans, les professions libérales qui plaisent tant aux hommes politiques. Cela pour deux raisons. D'une part, ce qui est souvent méconnu, leur contribution à la valeur ajoutée de l'ensemble des entreprises est en recul constant et rapide : de 38 % en 1960, elle est tombée à 13 % aujourd'hui. Envers et contre tout, la concentration de notre appareil productif est en marche. D'autre part, les propriétaires d'autant de minisociétés se rémunèrent pour l'essentiel en dividendes plutôt qu'en salaires : leur part dans l'excédent brut d'exploitation des entreprises (29 %) est plus du double de celle atteinte dans la valeur ajoutée. De bons esprits pourraient ainsi prétendre que la diminution des marges des entreprises françaises n'est que la traduction de ce phénomène structurel : le glissement de la catégorie des entrepreneurs individuels, dont les marges sont élevées, vers des formes plus collectives d'entreprise aux marges plus faibles. Dit autrement, si s'accroît la proportion des salariés dans la population active, il est normal que la masse salariale suive un mouvement parallèle et donc que recule la part des profits bruts.

Pour éviter que le raisonnement soit pollué par cet effet de structure, concentrons-nous sur les seules sociétés non financières, c'est-à-dire les vraies entreprises qui représentent 85 % de la valeur ajoutée totale et 70 % de l'excédent brut d'exploitation. Leur taux de marge, égal à 32,4 %

de leur valeur ajoutée en 1998, fluctue depuis mais avec une tendance marquée à la baisse puisqu'il n'est plus en 2006 que de 30,7 %. Simultanément, de 1998 à aujourd'hui, période pendant laquelle la contribution des entreprises individuelles demeure à peu près stable, la masse salariale augmente régulièrement, sans interruption, de 57,2 % de la valeur ajoutée à 59,4 % (2006).

Ainsi, depuis le début des années 2000, la progression annuelle moyenne du revenu disponible des ménages dépasse-t-elle de 0,7 point par an celle du PIB [1]. En revanche, l'augmentation de l'excédent brut d'exploitation des sociétés non financières est inférieure de 0,7 point à celle du même PIB. Cette divergence qui nous singularise n'est pas soutenable à terme. Les entreprises ont jusqu'à présent maintenu leur effort d'investissement. La lente mais régulière dégradation de leur rentabilité fait qu'elles sont de moins en moins capables de le financer par elles-mêmes. A un moment où, crise financière oblige, les conditions de crédit se sont durcies, à un moment où il faudrait accroître l'investissement tant pour faire face aux nécessités nouvelles du développement durable que pour augmenter le rythme de notre croissance, le taux d'autofinancement de nos

---

1. Coe-Rexecode (Centre d'observation économique et de recherches pour l'expansion de l'économie et le développement des entreprises), « Ce point de croissance qui nous manque », rapport des 4es Rencontres de la croissance, octobre 2007.

entreprises n'arrête pas de diminuer. A 60 % pour les entreprises non financières en 2006 et probablement encore moins en 2007 (55 % estimés), il bat des records historiques de baisse : il faut remonter à 1985, soit vingt-deux ans en arrière, pour trouver un chiffre plus faible.

La conclusion est simple : si nous continuons sur la pente actuelle, l'investissement lui-même va finir par reculer et le taux de croissance suivra. Dans cette hypothèse, les gains de pouvoir d'achat des ménages, à partir d'un niveau que ceux-ci considèrent déjà comme insuffisant, seront de plus en plus limités.

Le match France-Allemagne

La comparaison avec la politique suivie par nos voisins et rivaux allemands est douloureuse tant elle fait éclater nos insuffisances.

Toujours sur la période allant de 2000 à 2007, les gains de pouvoir d'achat du revenu disponible des ménages ont été supérieurs en France de 0,9 % par an à ceux de la zone euro. C'est l'exact inverse pour les résultats des sociétés non financières : leur progression a été chez nous inférieure de un point par an à celle de nos concurrents européens. Nous avons ainsi été les seuls à opérer un arbitrage implicite en faveur des ménages, au détriment des entreprises.

Simultanément, les coûts horaires de la main-d'œuvre sont plus élevés et progressent plus vite en France que dans la zone euro. En l'espace de sept ans, l'avantage de compétitivité que conféraient à la France des coûts inférieurs à ceux de l'Allemagne a disparu. Entre 2000 et 2007, le coût salarial horaire, charges sociales comprises, a progressé de 30 % dans notre pays contre 25 % dans la zone euro et 15 % en Allemagne. Ainsi l'avantage initial (de l'ordre de 5 %) s'est-il transformé en un handicap deux fois plus lourd (10 %) à l'égard de notre voisin d'outre-Rhin. Parmi les pays membres de la zone euro, seuls la Belgique, la Suède et le Danemark ont désormais des coûts salariaux égaux ou supérieurs aux nôtres. Nous sommes devenus chers.

Cette évolution désagréable s'explique assez largement par la réduction de la durée du travail de 39 à 35 heures qui a induit, avant allègement des charges sociales patronales financé par le déficit budgétaire, un surcoût direct de 11,5 %. Contrairement à ce que l'on entend souvent dire, celui-ci n'a pas été compensé par un gain symétrique de la productivité horaire. Cette dernière, traditionnellement élevée dans notre pays, n'a pas depuis 2000 progressé plus vite qu'en Allemagne.

L'explication historique de ces données est simple mais dérangeante. Tandis que la progression des revenus salariaux est restée faible chez notre premier concurrent (le salaire réel moyen y a même baissé de 3 % sur les sept dernières années), ce qui a conduit à une amélioration de la santé financière des entreprises, elle fut assez forte dans notre pays (13 % de hausse du même salaire réel) pour entraîner un phénomène inverse. La part de l'excédent brut d'exploitation dans la valeur ajoutée des sociétés non financières s'est, avons-nous dit, progressivement réduite en France jusqu'à un niveau de l'ordre de 30 %. Dans le même temps, elle progressait en Allemagne de 36 % en 2000 jusqu'à 41 % en 2006. Le même chiffre pour l'ensemble de la zone euro, où le salaire réel moyen n'a pas augmenté depuis 2000, est de l'ordre de 38 %. Qui, parmi nos principaux dirigeants, est conscient que les marges de nos entreprises sont ainsi les plus faibles d'Europe ? Inférieures à celles du Royaume-Uni, des Pays-Bas, de l'Italie, de l'Espagne ! Dans la plupart des pays développés, le partage de la valeur ajoutée s'est, pendant ces dernières années, déformé en faveur des entreprises et au détriment des salariés dont la productivité, progressant plus vite que les salaires réels, a gonflé les profits bruts. Partout, sauf en France. Ce n'est pas l'Allemagne qui fait exception par sa vertu, mais notre pays par sa légèreté. Plus qu'ailleurs, notre développement est fondé sur le crédit et le bon vouloir des prêteurs. Car les marges de nos entreprises sont inférieures de plus d'un quart à celles de leurs concurrentes européennes, et de plus d'un tiers si l'on restreint la comparaison aux allemandes. Comment s'étonner que ces dernières aient un taux d'autofinancement de 100 % (ce qui les rend largement indépendantes du marché financier comme de celui du crédit) quand les nôtres doivent se contenter de la moitié ?

La marge brute des entreprises qui fournit l'essentiel du financement de leurs investissements (y compris, bien entendu, ceux de recherche et d'innovation) est une variable macroéconomique décisive. Le théorème de Helmut Schmidt, qui était chancelier social-démocrate d'Allemagne lorsqu'il le formula, est toujours vrai : les marges brutes d'aujourd'hui font les investissements de demain qui, à leur tour, font la croissance, le pouvoir d'achat et la consommation d'après-demain. L'examen des statistiques européennes le confirme : d'un pays à l'autre, le taux d'investissement est directement lié à la part des profits bruts dans la valeur ajoutée. En ce sens, pouvoir d'achat et consommation ne précèdent pas la croissance mais en résultent.

A l'inverse, vouloir à production donnée doper le revenu des ménages et leur pouvoir d'achat, c'est nécessairement réduire les marges des entreprises. Soit directement par une augmentation de la part des salaires dans la valeur ajoutée, soit indirectement à travers le faux masque d'un financement budgétaire. Certes, personne ne protestera contre une diminution d'impôt. Mais il faudra bien que le déficit de l'Etat ainsi accru par des faveurs fiscales soit à son tour financé ! Notamment par les entreprises...

Telle est la démarche qu'a suivie Nicolas Sarkozy aussitôt après son élection, et pour des montants considérables puisque, comme on l'a déjà noté, la loi pour le travail, l'emploi et le pouvoir d'achat votée en 2007 déplace au profit des ménages une douzaine de milliards d'euros en année pleine, soit presque un point de valeur ajoutée, ce qui amplifie le glissement des années précédentes. Le déficit budgétaire en assure, si l'on peut dire, le financement. Ainsi, loin de provoquer un choc de confiance, la politique du nouveau président va-t-elle encore réduire en valeur relative les marges des entreprises, accroître les importations, décourager un peu plus l'investissement et diminuer à terme un taux de croissance déjà bien faible : bel exploit pour un élu de droite ! L'effet réel sera à l'opposé de celui espéré. L'erreur originelle est d'une telle ampleur que sa correction sera malaisée. Il faudra bien cependant y parvenir : quand les taux d'intérêt augmentent, quand le crédit est moins facile, l'augmentation des marges devient une condition nécessaire de maintien de l'investissement et donc de la croissance. En bref, notre problème n'est en rien lié à une insuffisance transitoire de la demande interne mais provient d'un défaut de compétitivité de plus en plus flagrant. La réponse keynésienne, si commode aux hommes politiques puisque flattant les ménages, inventée pour corriger des conjonctures dépressives, se révèle, dans notre situation, contre-productive. L'effort de rétablissement de notre compétitivité est incontournable : c'est la clé obligée d'une meilleure croissance.

L'erreur contagieuse

Sans doute faut-il insister sur ce point, tant la même faute de raisonnement, de la gauche à la droite, envahit l'esprit du politique.

Revenons à l'équilibre fondamental entre ressources et emplois, entre production et demande interne. Si la seconde est durablement inférieure à la première, sa relance est bien entendu bénéfique et Keynes un inspirateur de bon aloi. Mais il en va tout autrement dans le cas inverse. La bonne politique économique n'est donc pas faite d'un mélange confus de soutien à la demande et de musculation de l'offre. Ou, plus exactement, un tel dosage subtil d'actions simultanées n'est envisageable que si a été préalablement résorbé tout déséquilibre structurel, dans un sens ou dans l'autre, entre offre et demande. En France, c'est l'offre qu'il faut d'abord soigner de son anémie.

Tant que cela n'est pas fait, tant que le défaut de réglage n'est pas corrigé, rien ne sert d'appuyer sur l'accélérateur : le moteur s'étouffe immédiatement. Dans les conditions où fonctionne l'économie française, la relance par la consommation a un rendement déplorable, au sens où on le dirait d'une machine thermodynamique. Tout effort budgétaire de 100 consenti en ce sens se traduit par des importations immédiates de l'ordre de 40 à 50 : piètre performance. D'autant que les dommages ne s'arrêtent pas là.

Le mal français

On mesurera, sur deux exemples précis, à quel point la pensée de Nicolas Sarkozy et de tel de ses épigones traduit une méconnaissance de la vraie nature de nos difficultés. Xavier Bertrand, ministre du Travail, exprime de manière très crue la pensée erronée de son chef : « Nous voulons faire en sorte que, lorsque l'on touche des aides d'Etat pour abaisser le coût du travail, on joue le jeu de l'augmentation des salaires [1]. » Or vouloir conditionner le maintien de l'allègement des charges sociales des entreprises à l'ouverture de négociations salariales, ou pire à leur conclusion, est une absurdité. Soit les entreprises concernées sont dans un état trop précaire pour s'autoriser la moindre générosité salariale et l'on va sanctionner qui est déjà trop fragile ; soit elles obéissent à cette forme d'injonction et l'Etat aura contribué à déplacer un peu plus en faveur des ménages un partage de la valeur ajoutée qui n'est déjà que trop déséquilibré. La gauche avait diminué les charges sociales pour financer la réduction de la durée du travail, la droite entend les augmenter là où la politique salariale n'est pas assez généreuse. Entre démagogie de gauche et démagogie de droite, hélas, pauvres entreprises ! Qui pense à elles ? Sans doute Frédéric Lefebvre, ce secrétaire national à l'économie de l'UMP dont nous avons déjà vanté le jugement, inventeur remarqué d'un dispositif admirablement populiste : pour relancer le pouvoir d'achat des salariés, il propose de faire payer

---

1. *Libération* du 28 février 2008.

81

par leur employeur leurs abonnements personnels à internet et de téléphonie mobile, ajoutant que les entreprises y trouveront leur avantage puisque ces charges seront fiscalement déductibles. Le symbole est d'une aveuglante clarté : l'économie de notre pays connaît deux problèmes majeurs, les marges insuffisantes de ses entreprises et son déficit public. Si l'on suit M. Lefebvre, ce grand spécialiste, on alourdira l'addition de quelques centaines de millions d'euros payés aux deux tiers par le système productif et pour un tiers par le budget de l'Etat. Bravo, l'artiste !

Il est vrai que nos mentalités ont été déformées par des décennies de mauvaises habitudes. On l'a déjà dit, jusqu'à ce que Jacques Delors mette en œuvre la désinflation compétitive, l'économie française s'était développée suivant la séquence bien connue à laquelle tous, patrons, syndicalistes, hommes politiques trouvaient tant de vertus : distribution *ex ante* de pouvoir d'achat par hausse des salaires, rétablissement des marges des entreprises par augmentation des prix (l'inflation reprenant *ex post* aux ménages ce qui leur avait été nominalement consenti : on parlait alors d'épargne forcée), restauration de la compétitivité externe par dévaluation de la monnaie nationale. Le système monétaire européen puis surtout l'arrivée de l'euro ont mis fin à ces facilités. Désormais, notre compétitivité ne peut être améliorée que par des efforts clairement assumés. Ainsi doit-on se demander si l'idée de TVA sociale, cette gigantesque machinerie destinée à obtenir comme seul effet positif pour nos entreprises le mince équivalent d'une dévaluation de modeste ampleur, n'est pas une sorte de retour régressif des anciennes séductions inflationnistes : on y reviendra plus loin. Un autre mécanisme a servi de substitut aux facilités disparues de l'inflation-dévaluation : celui du financement par le budget de l'Etat. S'agit-il d'un pur hasard si la France, budgétairement plus vertueuse que la moyenne des pays européens à partir de 1983 (après que François Mitterrand fut contraint au virage de la rigueur) jusqu'en 1993, date tournant qui coïncide avec une récession et la défaite électorale de la gauche au pouvoir, est devenue, tous gouvernements mélangés, plus laxiste que nos partenaires à partir de 1995 quand Alain Juppé eut perdu les élections législatives et que l'euro fut apparu comme une certitude ? Faut-il relancer le pouvoir d'achat des ménages ? Le budget y pourvoira. Faut-il équilibrer par quelques gestes en faveur de l'offre la politique massive de relance pratiquée à contresens (il faut, je crois, remonter à 1981 pour trouver mieux) ? Le budget sera une fois de plus mis à contribution. Car qui se soucie de l'équilibre budgétaire, à part le gouverneur de la Banque centrale européenne et les « gnomes » bruxellois ? Telle est une donnée persistante du mal français : l'impôt est haïssable quand la dépense publique ne l'est pas. D'où la permanence des déficits, plus accusés que partout ailleurs et qui permettent pendant un certain temps de laisser dans le flou la question essentielle : qui, des ménages et des entreprises, paye quoi ?

★

Commissions, études, rapports d'experts, multiplication des décisions à l'emporte-pièce, rien là que d'inutile tant que l'on ne s'attaque pas à l'essentiel : notre défaut de compétitivité. Ce que l'Allemagne a fait en quelques années, pourquoi serions-nous incapables d'en suivre l'exemple ? Au début des années 2000, elle était aussi malade que nous. Pendant cinq ans, de 2001 à 2005, son déficit public a été supérieur au nôtre, régulièrement à plus de 3 % du PIB. Elle a en trois ans remis de l'ordre dans ses comptes sociaux, ramené son budget à l'équilibre, augmenté les marges de ses entreprises, contenu la progression des salaires en dessous de celle de la productivité quand nous restions immobiles. Etait-ce par masochisme qu'elle a consenti tant de sacrifices ? Aujourd'hui, elle a relancé sa production industrielle alors que la nôtre reste désespérément plate, et fournit ses produits au monde entier. Aujourd'hui elle peut, elle, soutenir sa demande interne et la consommation des ménages. Nous avons toujours, quant à nous, une opération douloureuse de redressement des comptes publics à opérer. On aura, quand enfin elle se produira, la réponse à la question décisive : qui supportera, des ménages ou du système productif, le coût du retour au principe de réalité? De ce choix dépendra notre rétablissement, ou la poursuite du déclin.

4

Les déficits jumeaux

Reprenons notre promenade dans les arcanes de la macroéconomie. Les déficits du commerce extérieur et des finances publiques sont souvent jumeaux. Il est important de comprendre pourquoi.

De l'équilibre au déficit extérieur

Partons d'une économie dont les échanges extérieurs sont à l'équilibre. Sa production est alors exactement égale à la demande interne de biens soit de consommation, soit d'investissement. Simultanément, cette même production donne lieu à distribution, pour un montant identique en valeur, d'une rémunération aux facteurs de production, travail et capital : ce que l'on gagne est d'abord produit mais tout ce qui est produit est aussitôt réparti. Ce revenu national, exacte contrepartie de la production, est à son tour soit consommé, soit épargné. Si l'on rapproche les deux angles d'analyse (optique de la production d'une part, optique du revenu de l'autre), on s'aperçoit que l'équilibre de l'ensemble du système commande que l'épargne, c'est-à-dire la part du revenu national qui n'est pas consommée, soit égale à l'investissement.

Disons-le autrement : les salariés et le capital engagés dans la production de biens d'investissement doivent naturellement être rémunérés. Ce qu'ils produisent n'étant pas destiné à être vendu aux consommateurs, ils ne peuvent être payés directement par ces derniers. C'est donc, par différence, la partie épargnée du revenu national qui finance le coût des investissements. Pensons au fabricant de cannes à pêche dont la spécialisation lui interdit de se procurer par lui-même les poissons nécessaires à sa survie : il est occupé à autre chose. Sa nourriture doit lui être fournie, par prélèvement sur leur consommation, par les autres membres de la tribu. Donc leur épargne, par définition, finance la production des biens d'équipement.

Retenons de cette courte présentation que le bouclage du circuit économique est assuré par l'une ou l'autre de deux écritures équivalentes. Dans l'ordre de l'économie réelle, la production est égale à la demande interne, donc à la somme de la consommation et de l'investissement. Dans l'ordre financier, l'épargne, partie non consommée du revenu national, est égale à l'investissement, partie de la production qui n'est pas destinée à la consommation.

Les déficits jumeaux

Supposons maintenant que la demande interne devienne pour une raison quelconque supérieure à la production. L'insuffisance des quantités physiques de biens et services disponibles à l'intérieur des frontières est comblée par des importations nettes. Le déficit du commerce extérieur, dans cette première approche, traduit un excès de demande interne.

L'approche financière est plus subtile. Les raisonnements précédents montrent que, dans ce cas, le revenu national étant plus faible que le total des dépenses de consommation et d'investissement (on dépense plus que ce que l'on gagne), l'épargne interne est elle-même inférieure au montant de l'investissement. Qui prête la différence ? A nouveau l'étranger. Tout mouvement commercial à travers une frontière doit en effet être réglé par l'importateur qui soit transfère au vendeur une quantité *ad hoc* de monnaie internationalement reconnue, soit obtient de ce dernier un prêt lui permettant de retarder son paiement. Dans les deux hypothèses, on voit qu'un solde extérieur négatif se traduit par l'accumulation à l'étranger (« le reste du monde » dans le vocabulaire des économistes) de créances sur le pays débiteur.

D'où une conclusion importante : le déficit du commerce extérieur signifie au choix un excès de demande interne (économie réelle) ou une insuffisance d'épargne (économie financière) compensés par le reste du monde. C'est l'étranger, dont l'excédent commercial se traduit par une épargne de même montant, qui finance exactement le déséquilibre du pays emprunteur.

Du déficit budgétaire au déficit extérieur

Qu'est-ce que l'Etat, en termes macroéconomiques ? Une gigantesque machine qui prélève puis redistribue environ la moitié de chaque production annuelle. L'Etat, au sens large du terme (c'est-à-dire y compris la Sécurité sociale et les collectivités locales) a pour recettes impôts et cotisations sociales. Ses dépenses sont faites de frais de fonctionnement, des salaires et pensions des fonctionnaires, des prestations sociales aux ménages (retraites et assurance maladie), de subventions diverses aux acteurs de la vie économique et sociale et enfin d'investissements, notamment en infrastructures et équipement publics.

Si les budgets publics sont à l'équilibre, l'action de l'Etat sur le circuit économique est macroéconomiquement neutre. Tout ce qu'il paye ou distribue a pour contrepartie un prélèvement égal sur la richesse engendrée par le secteur productif. En ce sens, il ne crée par lui-même aucune valeur nouvelle mais se contente de changer la forme et la distribution de celle qui résulte du fonctionnement spontané de la machine économique. En bien ou en mal ? Vaste question ! Pour y répondre, il faudrait apprécier si la transformation de valeur et la redistribution opérées par l'Etat sont plus utiles à la collectivité que l'utilisation directe et libre des richesses par les agents économiques qui sont à leur origine. On conçoit que les avis sur ce sujet puissent être divers. Là devrait d'ailleurs être l'un des points nodaux de la discussion politique. Aux uns, à gauche, l'affirmation d'une préférence collective qui défendrait que, comme dans les pays nordiques, l'intervention forte de l'Etat redistributeur est une garantie de cohésion du modèle social. Aux autres, à droite, la conviction que l'Etat doit être cantonné à ses fonctions régaliennes et que, au-delà d'un devoir minimum de solidarité en faveur des plus démunis et d'eux seuls, la place la plus large doit être laissée à l'initiative privée. Cette discussion, hélas, est dévoyée par l'état des finances publiques. Gouvernements de gauche comme gouvernements de droite se sont révélés incapables de les redresser. Pour les premiers, la fonction redistributrice de l'Etat sert de justification à la persistance d'un déficit budgétaire ainsi érigé en vertu civique (ce qui est, bien entendu, absurde). Pour les seconds, la nécessaire réduction de la dépense publique, hautement proclamée dans un discours de nature idéologique mais sans être jamais pratiquée, sert d'alibi verbal à la continuation d'un désordre que l'on entretient, de Balladur à Chirac, de Chirac à Sarkozy, par la baisse des impôts, de préférence en faveur des plus riches. Pour tous ces grands politiques, peu soucieux de bonne gestion, la diminution des recettes, certes plus populaire et donc facile à engager que celle des dépenses, leur permet de proclamer que, grâce à eux, l'Etat recule. Ainsi renaîtrait la confiance, condition préalable d'une relance de l'activité qui finira bien un jour, selon eux, par améliorer la situation budgétaire.

A-t-on jamais vu illusion plus perverse? A-t-on jamais entendu plus subtile démagogie? Toutes les excuses sont ainsi trouvées, à gauche comme à droite, en apparence opposées mais d'un même effet pratique : la perpétuation d'une maladie grave, celle d'un déficit budgétaire installé de façon permanente. La France est avec l'Italie le seul pays développé qui n'ait jamais connu d'excédent de ses finances publiques depuis 1980, soit plus d'un quart de siècle.

On a dit que la relance keynésienne est légitime quand la demande interne, inférieure aux capacités de production, laisse ainsi oisives une partie des ressources en capital et en main-d'œuvre (d'où résulte une montée du taux de chômage). A qui fera-t-on croire que depuis vingt-cinq ans la France n'aurait cessé une seule année de se trouver dans cette situation, au point de justifier un déficit budgétaire chronique? Faut-il vraiment fouetter la demande sans interruption pour arriver, cahin-caha, à faire avancer notre économie? Comment rendre cette hypothèse conciliable avec le fait que plusieurs secteurs d'activité (le bâtiment et les travaux publics, l'informatique, l'hôtellerie-restauration, les services de proximité) fonctionnent aujourd'hui au plein de leurs capacités, notamment en main-d'œuvre? Ou avec les difficultés de recrutement que rencontrent les employeurs pour la moitié au moins de leurs embauches? Ou encore avec cette donnée chiffrée : le taux d'utilisation des capacités de production dans l'industrie est aujourd'hui (2007) remonté à 86 %, nettement au-dessus de sa moyenne de longue période? La vérité est bien différente et la causalité dans l'autre sens : c'est le laxisme des gouvernements successifs qui, exprimé de loi de finances en loi de finances, a contribué à la perte de compétitivité de notre appareil productif.

Partons d'une économie équilibrée où les budgets publics sont à solde nul. La production est égale à la demande interne, l'épargne à l'investissement, les importations aux exportations. Supposons que soudain l'Etat se mette à dépenser ou à redistribuer plus qu'il ne prélève : apparaît alors un déficit des finances publiques. L'excédent des dépenses budgétaires ou de Sécurité sociale par rapport aux recettes augmente d'autant la demande interne : tel est le mécanisme même de la relance keynésienne par le déficit. L'Etat croit avoir créé un pouvoir d'achat supplémentaire qui est supposé répandre progressivement ses bienfaits dans toute l'économie. Mais si les capacités de production sont au plein de leur utilisation ou si les entreprises, par manque de compétitivité, sont incapables de répondre à la demande nouvelle qui leur est adressée (soit qu'elles ne fabriquent pas les produits correspondants, soit qu'elles ne puissent le faire qu'à des conditions trop onéreuses), alors celle-ci, née du déficit public, ne trouve pas de répondant sur le marché intérieur. Ce sont les importations qui vont combler le vide. On voit comment, à partir d'une situation d'équilibre, un déficit budgétaire peut engendrer un déficit du commerce extérieur du même ordre de grandeur.

Passons de l'économie réelle à son image monétaire. Le déficit public doit être lui-même financé. A cette fin, une partie de l'épargne préexistante des ménages va être détournée des entreprises et affectée à des emprunts d'Etat, par souscription à des émissions obligataires ou des bons du Trésor. L'équilibre originel entre épargne et investissement est ainsi rompu et les entreprises, victimes d'un effet d'éviction au profit de l'Etat emprunteur, ne trouvent plus sur le territoire national les ressources nécessaires à leur expansion. Elles peuvent, certes, renoncer à une partie de leurs ambitions et les ajuster aux moyens de financement disponibles : l'Etat, contrairement à ses espérances, aura réussi l'exploit d'affaiblir leur taux d'investissement et donc le taux de croissance. Mais cette issue négative n'est pas immédiatement la plus probable. En économie ouverte, les prêteurs étrangers peuvent se substituer aisément aux créanciers nationaux. Le pays devient débiteur vis-à-vis du reste du monde, très précisément à hauteur du déficit d'épargne interne. Tout se passe comme si c'était l'épargne étrangère qui finançait le déficit des comptes publics, égal à celui du commerce extérieur

Le budget, canal du populisme

Le déficit est haïssable, non de façon intrinsèque mais pour ses conséquences. La moitié du PIB annuel, on l'a dit, est aspiré puis refoulé par les budgets publics. Grande est la tentation des gouvernements de se servir de ce gigantesque instrument pour interférer dans le fonctionnement des marchés. La redistribution aurait ainsi une fonction tantôt incitatrice, tantôt réparatrice censée améliorer soit le dynamisme économique, soit la cohésion de la société.

Des motifs aussi nobles ne souffrent pas discussion. Malheureusement, nos hommes politiques de tous bords sont victimes, et nous avec eux, de leur ignorance : ils ne savent pas qu'ils ne savent rien du fonctionnement global de la machine macroéconomique. Agissant sur tel rouage, tel mécanisme particulier, telle pièce du dispositif, multipliant dans le désordre les interventions ponctuelles, leur intelligence affirmée les dispense de réfléchir davantage à l'effet global de leur activisme. Pire encore : investis d'une mission supérieure, ils sont persuadés de l'influence positive des mesures qu'ils ne cessent de prendre, dans une sorte de délire faustien où il faut séduire le peuple. Comme si tel chef-d'œuvre de la peinture ne devait rien à l'ordonnancement des masses, à l'équilibre des lumières, à la perspective du dessin, et tout à l'accumulation des touches de couleur. En veut-on certains exemples qui certes ont tous quelque justification ? Si l'on souhaite soutenir l'industrie de la construction (qui n'en avait jusqu'à présent nul besoin puisqu'elle tournait à plein régime) et l'accession à la propriété, on fabrique une déductibilité fiscale sur les sommes empruntées. Pour inciter les acteurs privés à intensifier leur effort de recherche et de développement, on accroît le crédit d'impôt-recherche. Afin d'allonger les durées de travail, on exonère les heures supplémentaires de cotisations sociales et d'impôt sur le revenu. Cherche-t-on à améliorer le pouvoir d'achat ? on débloque par anticipation les avoirs résultant de la participation et de l'intéressement. Pour le même motif, on modifie la formule d'indexation des loyers, dans un sens contraire aux intérêts des propriétaires que l'on disait vouloir encourager. S'agit-il de lutter contre le réchauffement climatique ? on met en place un bonus pour favoriser l'achat de véhicules peu polluants. Quant aux entreprises, comme on l'a déjà noté, on les menace d'un alourdissement de leurs charges pour les contraindre à accorder des augmentations de salaires.

Les déficits jumeaux

Que la tentation est redoutable d'allonger la liste des recettes dont l'annonce est sans doute plus importante que le contenu, dans une sorte de concours Lépine de la réforme où se perd toute cohérence ! Et de multiplier dans un même mouvement les cadeaux fiscaux budgétairement coûteux en faveur le plus souvent des ménages, plus rarement des entreprises, sans que le mélange soit à aucun moment calibré ni ses conséquences appréciées. Ainsi les gouvernants augmentent-ils à grands frais leur popularité, ou du moins le croient-ils.

Ce péché d'orgueil, il est vrai, fut porté à un point extrême par le gouvernement de Lionel Jospin qui décida que, pour lutter contre le chômage, il fallait imposer à tout le système productif français un passage autoritaire aux 35 heures, quoi qu'il en coutât au budget de l'Etat et au compte d'exploitation des entreprises. Je supplierais volontiers nos dirigeants, si cela pouvait avoir quelque utilité : par pitié, laissez nos entreprises en paix. Abstenez-vous chaque fois que possible. Ne croyez pas que vos interventions directes sur les fonctionnements des marchés et les mécanismes d'entreprise aient quelque influence positive : vous agissez en aveugles. Cessez d'être, de toutes parts, les partisans inattendus ou retardés d'une économie administrée. Préoccupez-vous des grands mouvements de la macroéconomie, et de ceux-là seulement : maintenir une base productive efficace implique que se reconstituent les marges des entreprises pour qu'elles puissent investir, faire de la recherche et lancer de nouveaux produits. Simultanément, remettez, en le désendettant, l'Etat sur ses pieds et à sa place, où il ne se mêlera plus de ce qui ne le regarde pas. Tout le reste est temps perdu.

Temps et argent. Chaque mesure ponctuelle, au bout de la chaîne des réactions qu'elle va entraîner de la part des agents économiques concernés, peut avoir des effets inattendus et assez éloignés de sa finalité initiale. Leur réunion est en outre coûteuse : ajoutons à la liste précédente le bouclier fiscal, l'exonération très large des droits de succession, les baisses d'impôt sur le revenu consenties auparavant entre 2002 et 2007 par Jacques Chirac, c'est vraisemblablement plus de 2 % du PIB, soit presque le montant du déficit public actuel, qui ont été ainsi, par le canal de la politique fiscale, durablement redonnés aux ménages. Ajoutons que les « niches fiscales », cette accumulation de faveurs qui profitent surtout aux revenus les plus élevés mais dont chacune a sa raison (investissements dans les DOM-TOM, investissements immobiliers suivant la loi Malraux, investissements dans les PME, dépenses d'économie d'énergie, utilisation d'employés à domicile et de services de proximité...), ces niches donc se comptent aujourd'hui par centaines et coûtent au budget de l'Etat plus de 75 milliards d'euros en perte de recettes, soit deux fois son déficit annuel. Les Français, décidément, ont compris la règle du jeu! C'est cette politique dispendieuse, teintée d'un populisme électoralement efficace et servant en même temps à masquer les faveurs faites aux privilégiés, qui explique que le déséquilibre de nos finances publiques n'ait pu être réduit. Or, nous l'avons dit plus haut, dans les conditions actuelles de fonctionnement de l'économie française, déficit budgétaire égale déficit du commerce extérieur égale perte de compétitivité!

Par quel cheminement? La réponse est simple. Supposons qu'un gouvernement quelconque procède sous une forme ou sous une autre à un allègement à hauteur de 100 des impôts pesant sur les ménages. A dépenses et solde budgétaires inchangés, cette générosité doit être financée par une recette de même montant. Qui la paye?

Reportons-nous aux statistiques de l'OCDE sur la décomposition des recettes publiques par contributeur (année 2005). Elles permettent d'évaluer le poids des prélèvements sur les entreprises (impôts sur les sociétés et cotisations sociales à la charge des employeurs) à 10 % en moyenne du PIB dans les pays membres de l'organisation. Le maximum (17,3 %) est atteint en Norvège, suivie de la Suède (16,8 %). La France vient ensuite, avec un ratio de 16,5 %, très supérieur à celui des grandes économies européennes puisque l'Italie se situe à 14 %, l'Allemagne à 8,4 % et le Royaume-Uni à 7,2 % (le Japon est à 8,9 %, les Etats-Unis à 6,5 %). De tels chiffres ne font qu'illustrer l'une de nos faiblesses structurelles les plus notables : le financement de notre système de protection sociale pèse beaucoup plus qu'ailleurs sur le système productif.

Cela a une autre conséquence : les prélèvements obligatoires représentent en France 44 % du PIB dont 17 % supportés comme on vient de le voir par l'appareil productif et plus de 10 % fournis par la TVA et les autres impôts indirects sur la production, dont on ne sait pas très bien quand ils pèsent sur la consommation et quand sur les marges des entreprises (on y reviendra). C'est dire que, TVA mise à part, le montant des divers impôts, prélèvements et cotisations sociales directement payés par les ménages est du même ordre de grandeur, pas davantage, que ceux à la charge des entreprises. Et que tout cadeau fiscal fait aux premiers est, à solde budgétaire constant, refinancé à hauteur de la moitié par eux-mêmes et pour l'autre moitié par l'appareil productif.

Insistons sur cette vérité déplaisante : sauf à accepter une dégradation des finances publiques, tout allègement brut à hauteur de 100 des impôts des ménages se traduit par un effet net qui n'est plus que de 50 et une détérioration d'autant de la marge des entreprises. La démagogie gouvernementale a ainsi une double caractéristique : elle a un rendement plutôt mauvais, et le budget, vecteur de son expression, est le moyen dissimulé par lequel elle détériore, sans même s'en rendre compte, la compétitivité de nos entreprises puisque celles-ci payent sur leurs marges la moitié des cadeaux distribués.

Le mythe et le néant

Le raisonnement qui précède a cependant une faille. Les allègements fiscaux consentis aux ménages pourraient avoir pour heureuse contrepartie non un prélèvement supplémentaire dont pâtiraient les entreprises mais une diminution des dépenses publiques. Tel serait bien le chemin de la vertu qui verrait distribuées à la population les économies faites par l'Etat et ses satellites dans la gestion des énormes flux financiers qui les traversent.

La « réforme de l'Etat » est ainsi devenue, à droite, le mythe fondateur d'une politique d'irresponsabilité. Distribuons, distribuons puisque tous ces présents seront un jour financés soit par la croissance revenue, soit par notre capacité à faire maigrir l'Etat. Et l'on discourt sans cesse de diminution du nombre de ministères, de regroupement d'administrations, de suppression d'un étage dans la pyramide des collectivités locales, de réexamen des politiques publiques, de non-remplacement de la moitié des fonctionnaires partant à la retraite. On parle, on parle, mais le peuple qui manifeste volontiers son désaccord avec toute mesure de restriction ne voit rien de ce qui lui a été annoncé, ou si peu. La droite enveloppe son laxisme d'un pieux discours annonçant pour l'avenir la gestion rigoureuse des deniers publics. Les débits en compte sont immédiats et certains, les inscriptions créditrices verbales et décalées. La parole tient lieu d'action et les déficits se creusent.

La théorie du rétablissement des finances publiques par la réduction des dépenses relève de l'illusionnisme. Le passé récent confirme cette analyse et justifie ma thèse d'une destruction constante de la compétitivité française par le déficit budgétaire. Sur la période 1996-2006, la progression en volume des dépenses publiques a été de 2,25 % par an, donc plus soutenue que celle du PIB. Pendant le dernier quinquennat de Jacques Chirac où la droite au pouvoir aurait pu appliquer ses principes, la part des mêmes dépenses publiques dans le PIB a encore augmenté de 0,8 %. Cette évolution est d'autant plus préoccupante que l'Allemagne a fait exactement le contraire, réduisant de plus de trois points de PIB depuis 2003 l'importance de ses budgets de dépenses publiques, et que beaucoup d'autres pays européens (Autriche, Belgique, Italie) l'avaient précédée dans cette voie. Quant à la Suède elle a réussi, exploit rarissime, à les faire diminuer depuis 1995 de plus de dix points.

Sur longue durée, l'image est encore plus contrastée. Au cours du dernier demi-siècle, les dépenses publiques n'ont cessé de croître en proportion de la richesse nationale. Elles en sont aujourd'hui supérieures à 50 % quand elles étaient à 35 % au début des années 1960. Cette hausse est imputable pour l'essentiel à la progression des prestations sociales, la part des dépenses de fonctionnement et d'investissement de l'Etat proprement dit étant demeurée stable. Ainsi reflète-t-elle notre choix d'un financement public, par prélèvements obligatoires, du système de protection sociale. Le vieillissement de la population, conséquence de l'allongement de l'espérance de vie (un an gagné tous les quatre ans), fait peser un poids sans cesse accru sur les régimes d'assurance vieillesse et d'assurance maladie.

Notre préférence pour une solidarité collective, à la différence d'autres pays où une place plus importante est laissée à l'initiative individuelle, est respectable. A condition d'aller jusqu'au bout de la logique qu'elle implique : c'est aux bénéficiaires et à eux seuls de payer par leurs impôts et leurs cotisations les prestations qu'ils reçoivent. Les personnes physiques, les ménages, sont les seuls concernés, les seuls à être malades ou à prendre leur retraite. Que vient faire ici l'entreprise qui ne connaît pour elle-même ni droit à pension, ni droit à assurance santé ? Demander une contribution au système productif n'a comme sens que de masquer l'ampleur de l'effort nécessaire et comme seul effet de peser sur sa compétitivité. Partis de gauche et syndicats font croire aux populations laborieuses que l'entreprise paiera à leur place. Cruelle et dérisoire illusion : toute charge imposée à celle-ci sera répercutée, d'une manière ou d'une autre, soit sur les consommateurs (hausse de prix), soit sur les salariés (moindres augmentations sur les feuilles de paie), soit sur les actionnaires (plus faible rentabilité du capital). Dans tous les cas, les ménages finissent bien par payer leur dû. Mais on a au passage, par pure démagogie, affaibli notre aptitude à produire.

A l'équilibre, la structure de financement de notre protection sociale appellerait déjà la critique. Que dire quand on s'aperçoit qu'elle est depuis près de vingt ans constamment en déficit? Ses déséquilibres cumulés représentent aujourd'hui une dette sociale de plus de 100 milliards d'euros, soit près de 10 % de la dette publique totale, aimablement léguée à nos héritiers.

Que l'on ne se méprenne pas : bien entendu, un effort pour améliorer la gestion de l'Etat est indispensable. Et il y a de quoi faire! La France a, par rapport à la moyenne de la zone euro, un excédent de dépenses publiques égal à six à sept points de PIB. Si on en analyse la décomposition par grandes fonctions collectives, on s'aperçoit que celles-ci sont toutes, sans exception, plus onéreuses chez nous. La moitié de l'écart provient des services publics traditionnels (défense et forces de l'ordre, services publics généraux, enseignement, politique de retour à l'emploi), l'autre moitié des systèmes de redistribution (retraites, santé, politique de la famille et du logement). Ces surcoûts ont une double origine : les fonctions collectives, que nous définissons souvent de façon plus extensive que nos voisins (l'Etat couvre de plus nombreux aspects de la vie en société), sont exercées de façon moins efficace. La France compte ainsi

5,7 millions d'emplois publics en 2007, soit 91 pour mille habitants contre une moyenne de 66 dans la zone euro et 49 en Allemagne. Ce qui se traduit par un poids élevé des rémunérations des personnels : il est de 13,3 % du PIB en France contre 10,6 % en moyenne dans la zone euro (soit un écart de 2,7 points) et 7,5 % en Allemagne, de qui nous sommes pourtant assez proches en niveau de développement et en structures sociales.

Supposons que par quelque miracle nous devenions aussi productifs dans la sphère publique que nos homologues européens : hors remise en cause des politiques de distribution dont nous supposons le périmètre invariant, nous avons trois points de PIB à gagner, soit l'ordre de grandeur du déficit permanent de nos budgets publics. La solution semble donc à portée de main, et légitime l'ambition réformatrice de Nicolas Sarkozy. Sauf que les esprits les moins sceptiques se demandent combien de temps il y faudra. Et qu'une menace significative pèse sur les systèmes de protection sociale, retraites et assurance maladie.

Le vieillissement de la population ne manquera pas d'affecter la dépense publique dans les années à venir. Selon les projections de l'INSEE, la proportion des personnes âgées de plus de soixante ans dans la population française passera de 20 % en 2005 à près d'un tiers en 2050. De ce fait, le conseil d'orientation des retraites évalue à 1,7 %

du PIB l'insuffisance du financement du régime de base au même horizon. Simultanément, une population plus âgée consomme davantage de soins, dont le progrès technique augmente encore le coût. L'OCDE estime entre 1,7 et 3,6 points de PIB l'accroissement des dépenses de santé toujours d'ici 2050, à quoi il faut ajouter celles liées à la dépendance qui sont estimées à plus de un point de PIB. Le surplomb à financer est au total, en hypothèse moyenne, de l'ordre de cinq points de PIB dans les quarante ans qui viennent.

La réforme de l'Etat est donc indispensable, d'abord pour empêcher que la dépense publique totale, redistribution et protection sociale comprises, augmente plus vite que le PIB. Ce premier objectif, jamais atteint jusqu'ici, est une première étape. Si l'on y parvient on pourra ensuite, mais ensuite seulement, prétendre faire baisser le poids de la dépense publique par des économies de gestion et des progrès de productivité. Tout cela prendra du temps et demandera beaucoup d'efforts. A droite, la vérité officielle est que le rétablissement des finances publiques doit se faire mais par la réduction des dépenses, non par la hausse des impôts. A court terme, cet exploit n'a aucune chance d'être réalisé. L'alourdissement temporaire des prélèvements obligatoires est incontournable si l'on veut réduire rapidement les déficits publics. Anticiper les effets de la réforme de l'Etat et financer aujourd'hui des sorties d'argent bien réelles par des traites sur l'avenir relève de l'irresponsabilité.

Irresponsable, la gauche l'est également. D'un côté le mythe, de l'autre le néant. Que disent les dirigeants socialistes ? Qu'il faut annuler les baisses d'impôts accordées par Nicolas Sarkozy, ce que l'on ne discutera pas, mais afin d'augmenter le SMIC et les bas salaires ainsi que la prime pour l'emploi et l'allocation de rentrée scolaire, de baisser la TVA sur les produits de première nécessité, revaloriser les retraites sans allonger les durées de cotisation, supprimer les franchises de l'assurance maladie, ne pas diminuer le nombre de fonctionnaires et accroître leur rémunération. Et ils prétendent appartenir à un parti de gouvernement !

« Ce ne sont pas les économies qui font la réforme, mais la réforme qui permettra les économies, nous dit le chef de l'Etat. C'est la différence entre rigueur et réforme [1]. » On ne saurait de manière plus synthétique illustrer un désaccord de fond. Les uns, dont je suis, pensent que l'assainissement budgétaire est un préalable à la modernisation du pays. La plupart de nos hommes politiques, pétris d'une culture de la dépense publique où un bon ministre est un ministre dépensier, raisonnent à l'inverse. A leurs yeux, la rigueur est une malédiction politique, un péché plus mortel que le déficit. Nicolas Sarkozy, à droite, s'en défend comme d'une infamie.

---

1. « Discours sur la modernisation des politiques publiques », 4 avril 2008.

François Hollande, à gauche, accuse le Président de « rigueur extrême » ou même d'austérité parce qu'il a engagé un plan, d'ailleurs confus et imprécis, visant à réduire d'ici à 2011 (soit en quatre ans) la dépense publique de cinq milliards d'euros, ce qui est un dixième seulement du trou à combler pour revenir à l'équilibre ! On n'est pas dans le drame mais dans le dérisoire : tous deux essayent de nous faire prendre des vessies pour des lanternes. O ministres prodigues, opposants généreux ! continuez ainsi, le pays vous le revaudra bien un jour.

Quelle est la cause de cette spécialité française, la préférence pour le déficit dont la théorie s'appuie sur un keynésianisme inadéquat ? Est-ce que ce sont nos hommes politiques qui, mauvais prophètes, plus soucieux, suivant le mot de Jan Tinbergen, premier prix Nobel d'économie, de l'élection future que de la génération future, flattent le peuple pour accéder au pouvoir et ne se préoccupent de rien d'autre ? Ou le peuple lui-même préfère-t-il la langue de bois à la clarté, le mensonge à la vérité, oublieux que le temps perdu se traduira demain en davantage de sacrifices ? Est-ce lui qui, loin d'être abusé, choisit des dirigeants à son image ? Une curieuse impuissance nous frappe, qui semble épargner les autres démocraties où les gouvernants gouvernent. Pourquoi Margaret Thatcher d'un côté, Gerhard Schröder de l'autre sont-ils également improbables en France ?

Les déficits jumeaux

Nos institutions sont peut-être en cause et l'élection au suffrage universel d'un président qui, ne rendant de compte à personne, passe tel un monarque de droit divin une partie de son temps à guérir les écrouelles par l'imposition des mots. Quoi qu'il en soit, la pire des illusions serait de croire que le médecin soigne quand il ne fait qu'administrer des placebos. La « réforme », cette belle idée empruntée à la social-démocratie, est devenue le cache-sexe du laxisme et permet au vice (le déficit) de s'habiller en vertu.

★

En matière économique, le centre domine les alentours. Quel que soit leur mérite individuel, les réformes sont au mieux inefficaces, au pire nocives si leur multiplication se fait aux dépens du cœur de la machine. L'état de santé du système productif est déterminant et le bénéfice des mesures périphériques perdu si elles ont pour effet global d'affecter, par déficit budgétaire interposé, la compétitivité de nos entreprises. Ainsi sommes-nous devenus gravement atteints, en trois phases successives. Premier tournant, nous faisons supporter non par les ménages mais par les entreprises, dont les marges s'effondrent, le coût des deux chocs pétroliers de la décennie 1970. Deuxième erreur, à partir de la récession de 1993 on fait de la relance à outrance, et le microbe du déficit (plus élevé depuis cette date que chez nos voisins européens) envahit peu à peu tout notre organisme. Puis, après 2000, les effets cumulés de ce laxisme se font directement sentir sur notre compétitivité, rapidement et fortement affectée. Une fois de plus, nos difficultés tiennent à une seule cause : nous vivons au-dessus de nos moyens en reportant sur le système productif le coût de cette impéritie. L'appel à la réforme, chanté sur tous les tons, ne suffira pas à résorber un déséquilibre fondamental. D'ailleurs, on peut mettre fin à celui-ci sans rien modifier du fonctionnement de la société : il suffirait de faire payer par les ménages ce qui doit l'être. A l'inverse, on peut accumuler les réformes localisées, même utiles, sans déplacer d'un iota la ligne de partage du revenu national entre ménages et entreprises : la modernité éparpillée n'est pas synonyme de bonne gestion centrale.

Qui plus est, le verbe remplace trop souvent la décision. Le mot « réforme » est utilisé en toutes circonstances au point d'en devenir galvaudé. L'abstraction du discours envahit l'espace citoyen, la répétition incessante d'une volonté réformiste sonne de manière incantatoire et sert d'alibi à qui gouverne si peu ou si mal. La liste est longue, comme un inventaire à la Prévert, des réformes faites ou abandonnées, de celles en préparation ou à venir plus tard. Le virtuel l'emporte, et de loin, sur la réalité. Dans un monde *second life*, les finances publiques sont, discours après discours, rétablies d'un tour de main en même temps que la compétitivité de nos entreprises, sans effort demandé à quiconque. Merveilleuse magie! Hélas, si l'on ne veut pas que le rêve tourne au cauchemar, mieux vaudrait ici-bas s'occuper modestement de la réduction du déficit budgétaire et du financement du système de protection sociale.

5

Les fausses solutions

Tout n'est pas mauvais chez Nicolas Sarkozy. Il a suffisamment d'intuition pour appréhender certains ces grands problèmes qui pèsent sur l'économie française : ainsi du temps de travail, ainsi encore des charges trop lourdes qui entravent l'appareil productif. Mais la décision est rarement à la hauteur du constat.

Qu'attend-on d'un grand dirigeant ? Fort de ses convictions, assuré de sa clairvoyance, qu'il tranche dans le vif et sache, quand l'essentiel est en cause, faire passer l'intérêt général avant les satisfactions particulières. Telle n'est pas la méthode sarkozyenne dont les constantes sont différentes. La réflexion approfondie y est tenue pour inutile : aucune difficulté ne doit résister aux ressorts de l'intelligence immédiate, aucun problème ne mérite que l'homme pressé qui nous gouverne lui consacre un excès de temps. Ainsi cherche-t-il à traiter non le fond des questions mais leurs symptômes apparents, ce qui conduit souvent à une aggravation de la maladie.

Surtout, la notion même de choix lui est étrangère. Quelque décision qui soit prise, nul ne doit en souffrir, chacun doit y trouver son compte. Un effort n'est demandé que s'il est aussitôt, sans attendre, rémunéré à son prix. La réforme? Tout le monde doit y gagner à tout moment, ce qui la rend légitime. La combinaison acrobatique, sans cesse répétée, des éléments constitutifs du problème, l'emballage chatoyant qui recouvre les obstacles afin de les dissimuler à la vue, l'habileté brillante et superficielle qui accompagne l'énoncé de toute solution, enfin la confiance extrême que l'impétrant place dans son propre jugement, tous ces ingrédients concourent à un seul et même but : convaincre que, par quelque miracle, chaque citoyen, chaque électeur, chaque foyer peut à tout instant attendre d'heureuses retombées du dynamisme présidentiel.

Pareil œcuménisme dans la générosité n'est pas sans conséquence. Et d'abord de rendre illisibles les choix du gouvernement puisqu'il faut plaire à tout le monde. Deux ou trois exemples le montreront assez.

L'impôt sur la fortune

L'ISF, inventé par François Mitterrand au temps de la gauche triomphante, est un impôt à la fois stupide et injuste. On taxe non pas la totalité de la fortune des gens les plus riches mais une petite partie qui ne répond à aucune logique économique. Les œuvres d'art en sont exonérées de même que les sommes, aussi gigantesques soient-elles, investies dans les entreprises familiales (« l'outil de travail »). Sont en revanche taxés les portefeuilles de valeurs mobilières généralement quelconques, donc l'épargne qui finance le développement de l'appareil productif à travers le marché financier, et la propriété immobilière. Admirons ainsi la profondeur de la contradiction où se plaît le législateur. Des incitations et déductions fiscales multiples encouragent les ménages à épargner d'une part, à accéder à la propriété de l'autre. Dès lors qu'ayant obéi à ces encouragements ils atteignent la position souhaitée d'épargnant ou de propriétaire, ils sont, au-delà d'un certain seuil, surtaxés. On encourage par la détaxation la formation de l'épargne ou de la propriété. Celles-ci constituées, l'impôt vient souligner leur incongruité et sanctionner leur existence même. Superbe incohérence !

Que pouvait-on attendre d'un président qui se réclame de la droite, s'affirme libéral, combat le poids excessif de l'impôt ? Qu'il supprimât purement et simplement l'ISF. Devait-on craindre mouvement social, manifestation de masse, grève des services publics à l'annonce d'une telle décision ? Point du tout : aujourd'hui le peuple des faubourgs ne va pas mourir sur les barricades pour défendre un impôt sur la fortune qui lui est étranger. Nicolas Sarkozy craignait-il la critique

politique d'un cadeau consenti aux plus fortunés ?
Il en a fait bien d'autres ! N'aurait-il d'ailleurs pu,
compte tenu de l'état des finances publiques,
chercher des ressources supplémentaires en subs-
tituant à l'ISF, en contrepartie au moins provisoire à sa suppression, une ou deux tranches
supplémentaires de l'impôt sur le revenu ? Ainsi
les riches n'auraient-ils pas payé moins mais
auraient vu disparaître un impôt discriminatoire et
de ce seul fait insupportable.

Ce ne fut pas la solution retenue. En apparence,
l'impôt sur la fortune est maintenu, ce qui est supposé plaire à l'opinion publique de gauche. Mais,
pour satisfaire les électeurs de droite, on le vide de
son contenu. Pour les très grandes fortunes, les
patrimoines taxables de plusieurs dizaines de millions d'euros, le bouclier fiscal y pourvoira qui
veut que personne ne donne à l'Etat, au titre de
l'impôt direct et de l'ISF, plus de 50 % de ses
revenus. Mais l'hypocrisie atteint un sommet si
l'on s'intéresse à la troupe beaucoup plus nom-
breuse des gens riches « ordinaires », ceux qui
payent les premières tranches de l'ISF. Jusqu'à
50 000 euros d'impôt, ils peuvent s'exonérer de
tout paiement. En effet, les investissements dans
les PME non cotées sont devenus déductibles de
l'ISF dans la double limite des trois quarts du
montant investi et d'un plafond de 50 000 euros.
Ainsi, en investissant 68 000 euros, on tue 50 000
euros d'ISF, montant que payent les patrimoines
imposables de l'ordre de 6 millions d'euros (ce qui

représente quand même cinquante fois le patrimoine moyen des Français).

Ainsi, voulant satisfaire ma droite et ma gauche, je fabrique une double usine à gaz. L'impôt sur la fortune est maintenu pour l'apparence mais vidé de tout effet pratique. A l'exact opposé d'une politique de transparence, cette façon de faire porte en soi un certain mépris du citoyen. Prendrait-on plaisir à l'abuser ?

La durée du travail

La même méthode fut appliquée à la question, autrement décisive, de la durée du travail. L'habileté, à trop être étalée, se dément elle-même.

D'où vient le défaut de croissance de notre économie ? La réponse est sans ambiguïté : nous n'investissons ni ne travaillons assez. La population active française, après avoir longtemps et fortement augmenté depuis la fin de la Deuxième Guerre mondiale, est aujourd'hui stationnaire. Elle va même très bientôt, pour des raisons démographiques, commencer à lentement décliner (ce qui explique, au moins pour partie, l'évolution favorable des chiffres du chômage). Comment produire plus de richesses avec un même nombre d'actifs ? M. de La Palice aurait trouvé la réponse : en augmentant la productivité par tête.

Pour y parvenir, il faut accroître le stock de capital mis en œuvre : des machines plus

nombreuses, davantage d'automatismes, de logiciels, de programmes informatiques à la disposition de chaque salarié amélioreront l'efficacité de
tous. Un taux d'investissement plus élevé est
d'autant plus nécessaire que la ressource en main-
d'œuvre est désormais limitée.

Seconde idée simple : compte tenu de cette dernière contrainte, il faudrait, pour atteindre le
niveau maximum de croissance possible – ce que
les économistes appellent la croissance potentielle –, que chaque Français travaille davantage.

Où en est-on, à cet égard, par rapport à nos
principaux concurrents ? Depuis 1970, la quantité
de capital employé a progressé un tout petit peu
plus rapidement en France que dans la zone euro.
Là n'est donc pas le problème le plus aigu. En
revanche, sur longue période, la croissance française se caractérise par un recul de la quantité de
travail utilisée : en moyenne - 0,2 % par an entre
1973 et 2007. La progression de l'emploi total
(+ 0,5 % par an sur la même période) a été insuffisante pour compenser la forte réduction de la
durée du travail. Sur la base 100 en 1970, le
volume d'heures travaillées par habitant dans la
zone euro est à l'indice 90 en 2007, soit une diminution de 10 %. La France est à 76, soit une chute
de 24 % qui provient d'une moindre croissance de
l'emploi et d'une réduction plus rapide des heures
travaillées par personne.

De toutes les populations des pays développés,
nous sommes en effet celle qui, par semaine, par

mois, par an ou sur la totalité d'une vie active, travaille le moins. La semaine de travail est de 35 heures, on ne le sait que trop. Nous apparaissons ainsi comme les derniers en Europe pour le nombre d'heures travaillées annuellement par un salarié à temps complet [1] : la moyenne de l'Union européenne à quinze est à 1 727 heures (données 2004), nos principaux concurrents s'étagent entre 1 600 et 1 800 heures, le Royaume-Uni culmine à 2 019 heures, nous pointons à 1 472. Les dégâts ne s'arrêtent pas là. Simultanément, notre taux d'activité (c'est-à-dire le pourcentage de la population en âge de travailler qui exerce effectivement un emploi) est à 65 % l'un des plus faibles qui soit, inférieur de trois points à celui du reste de l'Europe. Deux raisons à cet écart : outre un taux de chômage supérieur à la moyenne européenne, le taux d'emploi est aux deux bouts de la pyramide des âges beaucoup plus faible chez nous que chez nos voisins : 25 % pour les 15-24 ans contre 40 % dans l'Union européenne, et 40 % contre 46 % pour les « seniors » (55-64 ans). Non seulement nous travaillons moins longtemps que les autres, mais nous sommes aussi moins nombreux à le faire. On a les satisfactions que l'on peut : l'âge effectif de départ à la retraite est en France inférieur en moyenne à 59 ans.

Certes, nous jouissons d'une productivité horaire du travail qui se situe au même niveau que

---

1. Statistiques Eurostat.

celle des Etats-Unis. Ce qui permet aux observateurs complaisants, ressource dont nous sommes abondamment pourvus, de s'ébaudir. Voyez, disent partis de gauche et syndicats, voyez, disent les représentants légitimes du salariat et du monde du travail, comme nous sommes industrieux. Reconnaissez-nous comme plus intelligents que les autres puisque notre productivité horaire constitue presque un record mondial. Donc nous pouvons travailler moins. L'arrogance est extrême, pour une arithmétique approximative. Ce qui compte, à population active donnée, c'est la productivité moyenne par tête. Or nous travaillons 35 % de moins que les Américains sur la durée de notre vie professionnelle. A productivité horaire égale, nous avons donc un revenu par tête inférieur de 35 %, cet écart se creusant en outre rapidement depuis une dizaine d'années.

Dans les conditions actuelles, la croissance potentielle française est sans doute inférieure à 2 %, voisine de 1,5 %. De tels chiffres mettent hors de portée une progression significative du pouvoir d'achat. Il faut, pour accroître la croissance potentielle et pouvoir ainsi fabriquer davantage de richesses avant de les distribuer, travailler davantage. « Libérer le travail », comme dit Nicolas Sarkozy qui, dans cette affirmation de principe, a pour l'instant raison.

De fait, le passage aux 35 heures a été un crime contre l'économie, et Lionel Jospin en fut l'auteur, sur une inspiration malheureuse de Dominique Strauss-Kahn (Martine Aubry se contentant de mettre en œuvre avec une sorte d'excès de zèle une réforme avec laquelle elle eût mieux fait de prendre quelque distance). Alors que les perspectives de croissance étaient déjà médiocres, on réduisit brutalement le volume de main-d'œuvre disponible. La loi fit passer la durée légale hebdomadaire du travail de 39 à 35 heures, ce qui eut pour effet immédiat, à salaires constants, d'en augmenter le coût horaire de 11,5 %. Bien entendu, nous sommes gouvernés par des gens intelligents (trop ?), ce qui n'interdit pas qu'ils soient macroéconomiquement obtus et d'autant moins incités à corriger cet état qu'ils se croient politiquement plus malins. Donc nos gouvernants se rendirent compte (quand même !) qu'un tel surcoût portait atteinte à la compétitivité de nos entreprises. La question serait réglée, voulut-on croire, par un allègement de leurs charges sociales (qui n'empêcha point que le coût horaire du travail devint en France, comme on l'a déjà vu, le plus élevé de tous les grands pays européens : 28,7 euros de l'heure en 2004 contre 24,8 pour l'Union européenne à quinze). Toujours le même système : le budget, plus exactement le déficit budgétaire, sont là pour financer les décisions les plus abracadabrantes.

L'addition se monte à 18 milliards d'euros en année pleine, soit 1 % du produit intérieur brut. D'où le péché originel : on réduit la capacité de

121

production de l'économie, on affecte sa compétitivité, on creuse le déficit public de 1 % du PIB et
on commence à diminuer l'énorme réservoir des
charges sociales supportées par les entreprises (le
taux en est de 43 % dans notre pays contre 35 %
en moyenne dans la zone euro) non pas pour augmenter leurs marges et les inciter à investir mais
pour payer les loisirs nouveaux accordés aux Français. L'exploit est admirable.

Là-dessus, Nicolas Sarkozy arrive. Il va mettre
fin, se dit-on, à cette absurdité. Eh bien, pas du
tout. Il va s'y prendre de manière tellement
compliquée, tellement démagogique que, loin de
corriger le crime initial, il s'en rend complice
puisqu'il le perpétue. Sous prétexte d'effacer les
bêtises de Lionel Jospin, il s'en fait le continua-
teur.

Tout tient, une fois encore, à la recherche du
résultat immédiat. On ne dit pas aux Français :
« Vous allez travailler plus parce que la machine
économique en a besoin pour produire davantage
de richesses », ou « Vous allez travailler plus afin
d'augmenter dans un premier temps le taux de
croissance puis de gagner plus dans un ou deux
ans ». Non, mais « Vous allez travailler plus pour
aussitôt gagner plus », ici et maintenant. Chacun
doit trouver un avantage instantané à la réforme.
Qui va payer pour ce miracle ? L'Etat, bien
entendu.

Dès lors, au lieu de supprimer purement et simplement les erreurs manifestes de Lionel Jospin,

Nicolas Sarkozy utilise en sens inverse les mêmes méthodes. On a construit une cathédrale baroque pour réduire la durée du travail, on en ajoute une seconde pour la rallonger, toutes deux subventionnées sur fonds publics. L'économie française paiera deux fois, l'aller et le retour.

Pour un certain nombre de salariés, en effet, ceux qui vont pouvoir obtenir dans leur entreprise ou leur administration de faire suffisamment d'heures supplémentaires, la durée effective du travail va repasser de 35 à 39 heures. Par décision du pouvoir central, je devrais dire du Président lui-même, ces quatre heures vont faire l'objet d'une rémunération majorée de 25 %. Admirons la vitesse du progrès social : dans les petites entreprises, celles de moins de 20 personnes, la majoration Jospin n'était que de 10 %. Foin de l'avarice et des avaricieux : Nicolas Sarkozy, d'un trait de plume, alourdit l'addition de 15 points. Sans doute avait-il oublié que, dans une vie antérieure, un ministre du Travail nommé François Fillon avait fait voter une disposition permettant, dans les entreprises de taille importante, de baisser la majoration de 25 % à 10 % en cas d'accord de branche et d'augmenter le contingent d'heures supplémentaires au-delà des 220 heures légales. Fallait-il vraiment mettre fin à ces timides éléments de liberté? Ou au contraire les étendre et les généraliser?

Un salaire majoré de 25 % sur les quatre dernières heures, donc sur 11,5 % du temps de travail, cela fait un petit 3 % de surcoût horaire. Onze pour cent dans un sens, 3 % dans l'autre : Jospin puis Sarkozy auront au total alourdi le coût horaire de près de 15 %, pour des individus fournissant exactement la même quantité de travail. Une majoration de 25 % pour la rémunération des heures supplémentaires? Si elle devait être supportée par les entreprises, il est clair que l'accroissement espéré de leur volume ne se produirait pas.

C'est donc l'Etat, toujours lui, qui doit en accepter la charge. Puisqu'il force le jeu, il doit payer. Le budget intervient deux fois pour le même salarié, la première pour financer la réduction, la deuxième l'augmentation de sa durée du travail. Mais exonérer les heures supplémentaires de charges sociales à hauteur du surcoût horaire ne suffit pas. Nicolas Sarkozy a voulu absolument que le dispositif soit attrayant pour tous, entreprises et salariés. Les uns et les autres doivent y trouver un vrai bénéfice (aux dépens de qui?).

Dès lors, il convient de faire échapper la rémunération des heures supplémentaires à l'impôt sur le revenu des personnes physiques. Pensons un instant au bonheur des travailleurs indépendants, des professions libérales, des commerçants, des patrons de PME quand ils constateront l'exonération d'impôt de leurs concitoyens salariés, dont certains de leurs propres employés, pour des gains au-delà de la 35ᵉ heure de travail. Pourquoi eux et pas nous? C'est ainsi que l'on encourage les jalousies catégorielles.

Supposons que les salariés concernés soient en moyenne imposés à un taux marginal de 20 %. L'exonération de l'impôt sur le revenu des heures supplémentaires (11,5 % du temps de travail, mais 15 % du salaire compte tenu de la majoration de 25 %) représente une dépense fiscale égale à 3 % environ (20 % de 15 %) du total des salaires distribués. Trois pour cent dus à l'allègement des charges sociales plus 3 % d'exonération d'impôt égalent 6 %. Le coût pour les finances publiques de l'allongement de la durée du travail, mode Sarkozy, est potentiellement égal à la moitié du coût de sa réduction, mode Jospin. Aux dix-huit milliards de celui-ci, on en ajoute huit ou neuf pour le compte de celui-là. Admirons sincèrement l'un et l'autre, au-delà des apparences ils sont faits du même bois.

Un demi-point de PIB en coût budgétaire supplémentaire, au bas mot. Avec un effet peu significatif sur la quantité de main-d'œuvre disponible. Certes les entreprises qui butent déjà sur la contrainte d'une ressource en main-d'œuvre insuffisante utiliseront le dispositif pour produire davantage : l'effort de l'Etat aura une contrepartie. Mais pour toutes les autres, plus nombreuses, le raisonnement est différent. Si les heures supplémentaires ne coûtent à l'entreprise, charges sociales comprises, pas un centime de plus, si les mêmes heures supplémentaires rapportent davantage au salarié et sont en outre non imposables, comment éviter le gigantesque arbitrage qui conduira les employeurs, avec l'assentiment tacite de leur personnel, à réduire leur effectif en le faisant travailler plus longtemps? Auquel cas le seul effet de cette réforme serait de faire payer par la Sécurité sociale ou le budget de l'Etat l'augmentation de salaire net de la main-d'œuvre, à coût nul pour les entreprises.

Halte au feu! Halte à l'imagination populiste! Bien entendu, la non-imposition des heures supplémentaires est approuvée par l'opinion publique que l'on a accoutumée au refus de l'impôt. Qui paiera? Peu lui chaut. On ne s'attendait pas à voir la droite répéter en les déclinant dans son registre propre les erreurs passées de la gauche.

Une autre solution, plus simple, plus radicale était possible. Mais qui, grave défaut, ne pouvait plaire à tout le monde et eût donc entraîné, ici ou là, quelques protestations. Du moins le problème eût-il été traité au fond, ce que l'on était en droit d'attendre d'un président de rupture.

A ma connaissance, nous sommes le seul pays développé au monde où la définition des heures supplémentaires, leurs contingents et leurs rémunérations sont fixés par décision du législateur central. Or patronat, syndicats, partis politiques, toutes les composantes institutionnelles de la société française n'ont que l'expression « dialogue social » à la bouche. Rien ne doit être décidé qui ne soit nourri, préparé, négocié dans et par le dialogue social. Dès lors un pouvoir politique nouvellement élu, d'inspiration prétendument libérale, prétendument favorable à l'entreprise, prétendument décidé à restaurer la compétitivité de notre appareil productif, proclamant à juste titre que les 35 heures furent une faute gigantesque, ce pouvoir-là serait passé à l'acte s'il avait été conséquent. Un article de loi de trois lignes aurait suffi à mettre fin à notre singularité : « La durée effective du travail et sa rémunération relèvent d'accords contractuels entre employeurs et salariés. L'une et l'autre sont fixées par des accords de branche ou d'entreprise. »

Ainsi nous serions-nous rapprochés de la situation qui prévaut dans les autres pays européens où la loi se contente de fixer une durée maximale du travail qui est d'ordre public mais renvoie tout le reste au dialogue entre partenaires sociaux. Ainsi aurait-on évité d'alourdir le déficit public pour revenir à une durée du travail plus normale : 8 à 9 milliards d'euros de gagnés. Est-ce d'ailleurs vraiment convaincre les Français qu'ils doivent travailler davantage que de faire payer l'Etat pour y parvenir ? Enfin une telle décision, dans sa majestueuse simplicité, aurait rappelé à tous que l'allègement des charges sociales des entreprises (18 milliards remis en jeu) peut avoir d'autres points d'application, plus décisifs pour la croissance et notre bien-être collectif, que la subvention à la réduction de la durée du travail, que la subvention du loisir.

La TVA sociale

Autre réforme mal conçue et finalement avortée à partir d'une intuition juste, celle de la TVA sociale. De quoi s'agit-il ? Notre système de protection sociale est financé à plus de 60 % par des cotisations assises sur les salaires et, qu'elles soient qualifiées de patronales ou salariales, payées en fait par les entreprises pour qui elles constituent une charge. Certes, heureuse évolution, ce pourcentage a fortement diminué depuis 1987 où il était encore de 90 %, grâce notamment à l'invention par Michel Rocard (sur une idée initiale de Jacques Delors) et à la montée en puissance de la CSG qui est un impôt pesant directement sur les ménages. Cependant, dans le même temps, les prélèvements obligatoires destinés au financement de la protection sociale sont passés de 16 à 22 % du PIB. Ce qui fait que la contribution du système productif n'a que légèrement décru sur la période, de 14,4 % (90 % de 16 %) à 13,2 % (60 % de 22 %) du PIB. Ce dernier chiffre est supérieur d'environ trois points, ce qui est beaucoup, à la moyenne de l'Union européenne où la protection sociale est conçue de manière moins extensive qu'en France et où la participation des entreprises est plus limitée.

Faire supporter une telle charge différentielle (trois points de PIB) par notre système productif est stupide. Elle est bien entendu aussitôt répercutée sur l'ensemble des citoyens qui, bénéficiaires des transferts sociaux, payent toujours en dernier ressort le coût réel du prélèvement qui finance ceux-ci. L'entreprise affectée par un alourdissement de sa masse salariale brute va, comme on l'a déjà dit, trouver l'exacte contrepartie de cette charge sur d'autres lignes de son compte d'exploitation : soit par augmentation de ses prix, soit par diminution des salaires nets, soit par réduction de sa marge. Dans tous les cas, le passage par l'entreprise comme percepteur intermédiaire n'a pas seulement pour effet de rendre la répartition de l'effort de financement opaque et aléatoire : qui paye finalement, des ménages consommateurs, des ménages salariés ou des ménages actionnaires ? Dans une économie de concurrence mondialisée où la compétitivité de notre appareil productif constitue un enjeu majeur, la hausse des prix de production induite par l'existence de cotisations sociales de niveau plus élevé chez nous que chez nos principaux concurrents entraîne perte de débouchés, baisse des exportations, hausse des importations et destruction d'emplois – surtout depuis que nous ne pouvons plus agir sur notre taux de change pour corriger, le cas échéant, l'alourdissement de nos prix de revient.

Le diagnostic est largement partagé, y compris par Nicolas Sarkozy : « Ce qui compte, c'est de taxer le moins possible l'homme au travail et la production. Il faut taxer la recherche produite et non la production de richesses. Lorsque l'on décourage la création de richesses, on a moins à distribuer [1]. » L'analyse est parfaite mais ne précède malheureusement que de quelques lignes un dérapage soudain de la pensée : « Il faut nous fixer pour objectif que toute baisse des prélèvements bénéficie en priorité au travail. »

Ecrivant cela, notre candidat devenu président est exemplaire de la confusion qui règne si confortablement dans la tête de la plupart des hommes politiques quand ils parlent de fiscalité, donc d'un sujet qui fâche. Dans toute économie n'existent que deux catégories de contribuables réels, personnes physiques ou morales dont les noms sont enregistrés à l'état civil ou au registre du commerce, qui signent des chèques ou des virements en vraie monnaie à l'ordre du Trésor public : les ménages d'une part, les entreprises de l'autre. Savoir qui paye quoi des charges publiques est une question centrale de toute politique macroéconomique. Ma thèse est que la France demande trop aux entreprises et pas assez aux ménages et que le rééquilibrage des contributions des unes et des autres est la condition préalable d'une plus forte croissance, puis, ultérieurement, d'une progression plus rapide du pouvoir d'achat. Quoi qu'il en soit, si l'on en reste à cette dichotomie de la population imposable, toute affirmation (et elles sont multiples) suivant

---

1. Nicolas Sarkozy, *Ensemble*, *op. cit.*

laquelle il faut alléger les charges des entreprises implique la conclusion rude mais inéluctable que l'on doit, à dépenses et solde budgétaires donnés, obtenir plus des ménages. Et, symétriquement, qui veut alléger l'impôt des personnes physiques pénalise en fait les entreprises.

Cela est gênant : les ménages votent, pas les entreprises. L'élu ou futur élu se réfugie alors volontiers dans l'abstraction savante. Il y a dans toute économie deux facteurs de production, et deux seulement : le capital et le travail. Tout revenu et donc tout impôt sont, dans l'ordre théorique, rattachables à l'un ou à l'autre. Les arbitrages sont dans ce monde irréel beaucoup plus faciles à assumer. On plaidera pour l'allègement des prélèvements sur le travail, assimilés à tort dans l'acception commune aux impôts et cotisations sociales payés par les seuls ménages salariés (qui sont bien sûr dotés du droit de manifestation et du droit de vote). Et l'on financera virtuellement cette heureuse proposition par une augmentation suggérée de l'impôt sur le capital. Ainsi, en tout cas, procède la gauche. Le capital, quel concept politiquement commode : s'il n'existait pas il faudrait l'inventer. A l'inverse du travail, le capital est impopulaire, le capital ne vote pas et personne ne sait exactement qui le détient alors que le travail, bien évidemment, est fait de la sueur des salariés. La matière imposable est là et son titulaire, antipathique par essence, est au surplus anonyme. Alors, allons-y : taxons verbalement le capital, cela ne coûte rien. Et merci au capitaliste inconnu !

131

La vérité est que capital et travail sont utilisés conjointement par chacune des deux catégories de contribuables réels, ménages et entreprises. Une fois la charge fiscale répartie entre elles dans ce qui est l'arbitrage décisif, on peut ensuite réfléchir à ce que donnerait à l'intérieur de chacune la définition optimale de l'assiette d'imposition. Par exemple, *quid* des intérêts, des dividendes, des loyers perçus par les ménages et qui sont autant de revenus du capital ? Comment les traiter par rapport aux salaires ? Ou encore, si l'on a décidé de réduire les charges pesant sur les entreprises, vaut-il mieux le faire par une diminution des cotisations patronales (prélèvement sur le travail) ou par celle de l'impôt sur les bénéfices qui frappe, dit la doctrine, un revenu du capital ? Quelle que soit la réponse, cette optimisation pour ainsi dire secondaire est de l'ordre du raffinement par rapport à la vraie question déjà posée : qui, des ménages et des entreprises, paye quoi ?

La gauche préfère ne pas répondre et imposer abstraitement le capital, cet alibi fiscal, plutôt que le travail. Nicolas Sarkozy fait mieux encore, il détaxe l'un et l'autre dans leur version réincarnée : « Il n'y a pas d'autre choix que de taxer moins le travailleur et l'épargnant. » Tout contribuable personne physique, si l'on comprend bien, doit voir son impôt direct allégé. Si l'on veut proteger l'entreprise, seul reste alors le consommateur. Curieuse philosophie qui nous renvoie par défaut vers la TVA sociale.

★

L'idée de départ, souvent exprimée, est simple. Nous disposons d'un réservoir important de compétitivité. Une diminution des charges sociales qui pèsent sur les entreprises allégerait le coût du travail, favoriserait l'emploi, augmenterait leurs marges et donc leur compétitivité-prix, faciliterait leurs investissements et, *in fine*, élèverait le taux de croissance. Afin de maintenir constantes les recettes de la Sécurité sociale, il faut cependant compenser par l'instrument fiscal la réduction ainsi consentie. Quel que soit l'impôt utilisé à cette fin, on aura alors « budgétisé » une partie des charges sociales, pour le bien de notre appareil productif.

Comment y parvenir ? La chose est aisée si les finances publiques sont saines et le budget proche de l'équilibre. Il suffit, à taux d'imposition inchangés, d'affecter une partie des recettes fiscales supplémentaires dégagées chaque année par la croissance économique à la réduction progressive des charges des entreprises. Inutile, dans ces conditions, de se demander quel impôt, direct ou indirect, est précisément utilisé. Chacun y participe, à hauteur de sa part dans les recettes de l'Etat. Aucun prélèvement nouveau n'est opéré sur le pouvoir d'achat des ménages : l'amélioration de compétitivité se fait naturellement, au fil du temps, le niveau des charges sociales payées par les entreprises étant peu à peu abaissé.

Las, le nouveau gouvernement s'est mis le dos au mur. On l'a dit, les diminutions d'impôts consenties aux personnes physiques dès l'été 2007 (loi dite TEPA) aggravent le déficit budgétaire et repoussent dans le temps l'indispensable rétablissement des finances publiques. Jouant sur la demande (baisse des droits de succession, déduction des intérêts d'emprunts immobiliers, réduction de l'ISF, exonération de l'impôt sur le revenu pour les heures supplémentaires) au nom d'un keynésianisme dépassé et aux effets négatifs en économie ouverte, il a inutilement dissipé des ressources qu'il eût fallu consacrer à l'amélioration de l'offre. Dès lors, tout allègement des charges des entreprises doit être gagé, euro pour euro. L'avantage des uns n'est possible que moyennant le sacrifice des autres. La diminution des cotisations n'est envisageable que si l'on augmente en contrepartie un autre prélèvement, direct ou indirect. Il faut choisir et discuter avantages et inconvénients de chaque solution.

Le retour des vieilles lunes

Pour ma part, je préfère le prélèvement direct (impôt sur le revenu, ou CSG, ou cotisations sociales à la charge des seuls ménages). D'une part, il fait participer chacun à l'effort en fonction de ses capacités contributives, d'autre part le transfert des charges des entreprises vers les ménages est explicite, conforme à l'objectif poursuivi et sans effet adverse sur le niveau des prix. Mais, bien entendu, il entraîne un ralentissement instantané bien que provisoire de la progression du revenu net des ménages et donc de leur pouvoir d'achat.

Nombreux sont au contraire, surtout à droite, les partisans d'une compensation par le biais de la TVA, dite alors « TVA sociale ». Les bienfaits de son usage seraient multiples : « Ce système permet d'exonérer les exportations du financement de la protection sociale et de taxer les importations [1]. » En même temps, « en diminuant le coût du travail, il favorise les entreprises qui emploient relativement plus de main-d'œuvre ». Ainsi est-ce « un moyen pour lutter contre les délocalisations, pour créer de l'emploi, pour faire augmenter le pouvoir d'achat ». Augmenter le pouvoir d'achat, par quel mécanisme ? La réponse est explicite, miraculeuse et incompréhensible : « L'assiette de la TVA étant plus large que celle des cotisations sociales, environ un tiers de la baisse des cotisations pourrait être réalloué à l'augmentation du pouvoir d'achat. Ce qui contribuerait à la revalorisation des salaires. » Les arithméticiens qui inspirent Nicolas Sarkozy ont dû faire le voyage de Lourdes, ce qui est bien le moins quand on œuvre pour un tel thaumaturge. Enfin, il est peu probable que les prix augmentent « puisque la baisse des cotisations compensera dans les prix de revient la hausse de la

---

1 Nicolas Sarkozy, *Ensemble*, *op. cit.*

TVA ». N'en jetez plus, la coupe est pleine. Au point de déborder : ces différents effets bienheureux sont incompatibles entre eux.

★

Les vieilles lunes ont la vie dure. J'ai déjà entendu cette merveilleuse histoire il y a exactement un quart de siècle : l'allègement des charges sociales des entreprises est financé par une augmentation du taux de TVA. Comme les deux mouvements se compensent exactement, les prix toutes taxes comprises n'ont aucune raison de varier à la hausse. On gagne sur tous les tableaux, cherchez l'erreur.

Nous étions début novembre 1982, au terme proche des quatre mois de blocage des prix et des salaires que Pierre Mauroy venait d'imposer à l'économie française pour la remettre sur les rails. J'étais directeur adjoint de son cabinet, en charge de toutes les questions économiques. Nous préparions le grand discours que le Premier ministre devait prononcer le lendemain, pour dessiner les orientations principales de sa politique à l'issue de cette phase exceptionnelle.

Comme souvent avec Pierre Mauroy, le travail de rédaction était collectif, ce qui était abominablement consommateur de temps et d'énergie. Nous étions une demi-douzaine dans son bureau, échangeant dans un désordre sympathique mais épuisant arguments et bouts de phrase. Quand, au

136

milieu de la nuit, le combat cessait faute de combattants, Thierry Pfister, qui était la plume permanente et officielle du Premier ministre, prenait le matériau en l'état et délivrait au petit matin, juste à temps, un texte parfait.

A une heure assez avancée de la soirée, Pierre Mauroy nous dit : « Ce serait bien d'alléger fortement les charges des entreprises.

– Certes, répondis-je, mais avec quel argent? Les caisses sont vides.

– Ne peut-on utiliser pour cela un peu de TVA? » reprit-il.

Ma réaction fut immédiate, instinctive, brutale, un acte plutôt rare de vraie insubordination : « Monsieur le Premier ministre, tu fais écrire cela par qui tu veux, mais moi je refuse de le faire. »

Dans l'instant, je pensais simplement que nous avions à faire face à l'une de ces idées plus ou moins farfelues qui descendaient régulièrement de l'Elysée et que Matignon devait traiter avec le sérieux qu'elles méritaient : la fermeté tranquillement argumentée était la meilleure réponse. Hervé Hannoun, jeune chargé de mission au cabinet, vint à mon secours : après une chaude discussion, il trouva une formule de compromis qui nous sortit de notre impasse rédactionnelle mais qui, parfaitement ambiguë, ne comportait aucun engagement d'aucune sorte.

Je me rendis compte, quarante-huit heures plus tard, que la chose était plus grave que je ne l'avais cru. Pierre Bérégovoy, ministre en charge de la

Sécurité sociale depuis quelques semaines mais précédemment secrétaire général de la présidence de la République, jouait au grand politique. Il avait passé un accord avec Yvon Gattaz, président du CNPF, dont il avait fait bénir le principe par François Mitterrand lui-même. Quoi de plus malin, de plus moderne, de plus intelligemment pragmatique que de faire décider par la gauche de 1981, devenue gauche de gouvernement, un allègement massif des charges des entreprises ? Il ne restait plus au Premier ministre qu'à exécuter ce plan dont il n'était pas l'auteur.

Je me mis résolument en travers, écoutai avec un demi-sourire la plainte d'Yvon Gattaz qui craignait d'avoir été floué, étudiai avec un intérêt sceptique les arguments de Jean-Charles Naouri, directeur de cabinet de Pierre Bérégovoy, essuyai une ou deux vigoureuses colères téléphoniques de ce dernier, furieux qu'un minuscule technocrate pût faire échec à ses grandes manœuvres politiques, encaissai sans plaisir une réprimande de Pierre Mauroy qui me refusait le droit de censurer une idée du ministre sans une instruction contradictoire du dossier. La situation était sérieuse.

Je provoquai donc une réunion des directeurs de cabinet concernés à Matignon : Jean-Charles Naouri bien sûr, Philippe Lagayette pour les Finances (Jacques Delors), Louis Schweitzer pour le Budget (Laurent Fabius), et moi-même. J'exposai une argumentation simple, que j'avais eu le temps de mûrir :

Les fausses solutions

« Contrairement à une idée reçue, la TVA n'est pas originellement une taxe sur la consommation. Comme son nom l'indique justement, c'est un impôt sur la valeur ajoutée créée par les entreprises et payé par celles-ci. Bien entendu, si leur situation concurrentielle le permet, les entreprises essayent tout au long de la chaîne de production de répercuter cette taxe dans leurs prix. Si et seulement si elles y parviennent jusqu'au bout, alors la TVA devient un impôt sur la consommation.

« En d'autres termes, une augmentation de TVA qui ne se traduit pas par une hausse des prix toutes taxes comprises constitue une charge pour les entreprises. A prix constants, alléger leurs charges sociales par une hausse du taux de TVA ne leur rapportera en solde net très exactement rien. L'allègement réel provient de la hausse des prix et d'elle seule. Sortir du blocage des prix et des salaires par une relance de l'inflation provoquée par une décision explicite des pouvoirs publics d'accroître le taux de TVA me paraîtrait plutôt incohérent. La lutte contre l'inflation est prioritaire, quelque sympathie que j'aie pour la situation difficile des entreprises. »

Un petit silence suivit cet exposé. Louis Schweitzer, avec cette façon un peu distanciée de s'engager qui fait son charme, intervint brièvement : « Je crains que Jean n'ait raison. » Le sage avait parlé, la messe était dite.

139

Tout ça pour ça ?

Je n'ai pas un mot à changer à cette démonstration d'il y a vingt-cinq ans. Je peux la reprendre, de façon encore plus didactique.

Distinguons les trois parties prenantes : les consommateurs achètent des biens et services et en payent le prix, toutes taxes comprises ; les entreprises versent la TVA au fisc et les charges sociales, aussi bien salariales que patronales, à la Sécurité sociale ; enfin les caisses publiques, budget d'un côté, Sécurité sociale de l'autre, que nous traiterons conjointement, reçoivent les versements des entreprises.

Supposons que l'on allège les charges sociales. Pour que les recettes publiques ne soient pas affectées en baisse, il faut augmenter la TVA à due proportion. Mais la diminution des charges n'est réelle que si elle se traduit par un accroissement net des marges des entreprises, donc si la hausse de la TVA est entièrement répercutée dans les prix réglés par les consommateurs. Il n'y a pas de tiers payant : ce qui n'est plus supporté par les entreprises doit l'être par les ménages. Le changement dans la répartition du revenu national passe alors par la hausse des prix. C'est une voie possible, économiquement dangereuse, socialement injuste. Ce n'est pas celle que je préfère.

A l'inverse, que se passe-t-il si, pression concurrentielle oblige, le transfert de charges suggéré n'entraîne aucun mouvement de prix? Les consommateurs payent toujours les mêmes montants. La hausse de TVA compense exactement l'allègement des charges payées par les entreprises : la somme totale que celles-ci versent aux caisses publiques est donc inchangée. Personne n'a rien gagné ni rien perdu et les flux de recettes et dépenses demeurent pour chacun identiques.

Ce bouleversement a ainsi deux effets, et deux effets seulement. Au niveau des entreprises (optimisation secondaire) on remplace partiellement un prélèvement sur le seul travail par un impôt sur la valeur ajoutée. Les conséquences instantanées sont nulles. A plus long terme, on favorise les entreprises de main-d'œuvre au détriment des plus capitalistiques. « Le capital, voilà l'ennemi » est un slogan un peu court. L'économie française se porterait-elle vraiment mieux de ce transfert? On est en droit de penser exactement le contraire. Bien malin celui qui tranchera sans risque de se tromper.

Le second effet concerne le commerce extérieur. A prix constants, les exportateurs bénéficient de la diminution des charges sociales puisqu'ils vendent à l'étranger hors TVA alors que les importateurs supportent à plein la majoration de celle-ci. Exportations et importations étant du même ordre de grandeur, les recettes publiques ne varient que marginalement. Seul demeure un effet-prix (baisse à l'exportation, hausse à l'importation) qui a les mêmes conséquences qu'une dévaluation.

Faut-il rappeler aux défenseurs de cette admirable réforme une vérité élémentaire? Toute dévaluation (celle-là comme les autres) se traduit par une hausse des prix à l'importation qui se diffuse ensuite dans le reste de l'économie. Le commerce extérieur représentant un quart de notre PIB, les ménages perdront mécaniquement en pouvoir d'achat 0,25 % par point de hausse de prix des produits importés (donc par point de majoration de TVA) avant même que s'enclenche l'escalade prix-salaires.

Tout ça pour ça? Oublions le gigantesque chantier que ce mouvement impliquerait, les frottements multiples qu'entraînerait une telle réforme entre les secteurs favorisés (les industries de main-d'œuvre) et les autres (les industries fortement capitalistiques qui verraient leurs marges diminuer, la hausse de TVA étant pour elles plus lourde que l'allègement des charges salariales), le fait que notre taux de TVA (19,6 %) est déjà élevé par rapport à la moyenne européenne et que, plus on l'augmente, plus on encourage le travail au noir déjà trop répandu. Il reste comme seul effet incontestable une dévaluation instantanée, non répétitive et d'une valeur de 5,4 % si l'on va jusqu'à atteindre le plafond de 25 % qu'un accord européen a fixé pour le taux de TVA, sous l'hypothèse centrale de stabilité des prix et des marges des entreprises. Une grosse Bertha à un seul coup, avec une efficacité de carabine à plombs.

Les fausses solutions

A cet égard, la référence faite au succès de l'expérience allemande de 2006 (trois points d'augmentation de la TVA, dont un en compensation d'un abaissement des charges sociales) est abusive. Depuis 2000, comme on l'a déjà dit, les marges brutes des entreprises d'outre-Rhin ont beaucoup augmenté (de l'ordre de 4 à 5 points de valeur ajoutée), la part des salaires bruts dans la même valeur ajoutée étant tombée à un minimum historique d'environ 58 %. Avec une compétitivité aussi brillamment rétablie, les entreprises allemandes n'avaient aucun besoin de continuer à accroître leur rentabilité et pouvaient exactement compenser allègement des charges et augmentation de TVA. Tel n'est pas le cas en France où, on l'a vu, les marges des entreprises diminuent de manière préoccupante depuis quelques années. Il est ainsi hautement probable que les hausses de prix induites par des importations plus onéreuses, comme celles décidées par les secteurs très capitalistiques pour lesquels la réforme se traduirait par une nouvelle réduction des marges, se propageraient à l'ensemble du système productif. Que les salariés, au vu de cette évolution, durcissent leurs revendications et l'on aura vite perdu (comme dans une dévaluation ratée, par relance de la spirale prix-salaires) le bénéfice abstrait d'une réforme illusoire. Au demeurant, il n'est pas de dévaluation réussie sans prélèvement sur le pouvoir d'achat des ménages. La promesse de son maintien, a priori de son augmentation, relève en la circonstance de la démagogie la plus pure.

143

★

Quelques mots pour conclure cette visite du magasin d'illusions : un Etat impécunieux est un Etat impuissant, on ne renforce pas une économie qui a un problème d'offre en allégeant les impôts des ménages (le contresens est manifeste), et les plus beaux gadgets ne peuvent pallier l'absence d'une vraie pensée macroéconomique. Si l'on veut trouver un sentier de croissance plus favorable, le transfert doit se faire dans l'autre sens. Seuls les ménages (il n'y a pas d'autre contributeur) peuvent financer l'effort à consentir en faveur des entreprises. Ils en seront, mais plus tard, largement récompensés.

6

L'anesthésie perpétuelle

Accroissement du déficit commercial, maintien de celui des finances publiques, diminution progressive du taux de croissance, stagnation du pouvoir d'achat, creusement du retard de l'économie française par rapport à ses principales concurrentes en Europe, notamment les économies allemande et britannique, le tableau peut paraître apocalyptique, la description exagérée. Aurais-je forcé le trait? Je ne le crois pas. Du moins cette lente dégringolade va-t-elle s'arrêter d'elle-même? Je ne le crois, hélas, pas davantage. Elle peut durer longtemps, comme dans ces cauchemars où le dormeur ne cesse de se rêver en train de chuter, jusqu'à ce que l'angoisse le réveille. Nous sommes installés dans un déclin tranquille que nulle nécessité extérieure ne viendra interrompre si nous n'en manifestons pas nous-mêmes la volonté.

Histoire d'un virage

L'économie française est aujourd'hui fortement déséquilibrée, autant que celle du François Mitterrand de l'été 1981, avant les plans de rigueur de juin 1982 et mars 1983. Les déficits jumeaux des finances publiques et du commerce extérieur sont presque au même niveau qu'alors. Le premier est identique en pourcentage du PIB (-2,5 %), le second (-2 % en 2007 contre -3,2 % en 1982) légèrement inférieur. Mais, fruit de vingt-cinq ans de laxisme, la dette publique (65 % du PIB) atteint aujourd'hui des niveaux préoccupants quand elle était, au début des années 1980, encore modérée (22 % du PIB).

A l'époque, comme je l'ai dit, j'étais chargé auprès de Pierre Mauroy des affaires économiques. Que n'ai-je entendu alors et subi en agressions verbales, parfois à la limite de l'injure : les socialistes étaient fous, ils allaient ruiner la France. La catastrophe était immense, imminente, certaine, et mieux valait, pour ceux qui avaient des biens, émigrer vers des cieux plus cléments. Ces excès de langage n'étaient pas plus mérités hier que l'admiration aujourd'hui suscitée, ici ou là, par l'action réformatrice de Nicolas Sarkozy.

Ce d'autant que l'erreur initiale, toujours la même, une relance massive par la demande en anticipation de la croissance à venir, fut alors rapidement gommée. La correction intervint un an à peine après l'élection de François Mitterrand. Alors que l'actuel président de la République ne cesse de repousser à plus tard la remise en ordre des finances de l'Etat, on a déjà noté que les budgets de la gauche au pouvoir, après le feu d'artifice initial tiré à crédit, ont été arrêtés avec un déficit inférieur à la moyenne des pays de la zone euro, jusqu'en 1993 sans interruption. Dès la deuxième année de gouvernement nous étions devenus des élèves, disons convenables, de la classe européenne.

Répétons que la dégradation relative de la situation budgétaire de notre pays, tous gouvernements confondus (Balladur, Juppé à un bien moindre degré, Jospin, Raffarin, Villepin) date exactement de la récession de 1993 et se poursuit depuis lors sans répit. Comme si nous estimions malavisé de remettre de l'ordre dans les périodes de dépression (ce qui se comprend) et inutile de le faire quand la conjoncture est meilleure. Bref, ce ne serait jamais le moment. De 1981 à 1992 compris, nous fûmes relativement vertueux, la part des dépenses publiques dans le PIB augmentant en France à peu près comme chez nos voisins : à la fin de la période, elle n'était chez nous supérieure que de 1,5 point (51,9 % du PIB contre 50,4 % pour la zone euro). A partir de 1993, les chiffres divergent brutalement : les dépenses publiques fluctuent en France aux alentours de 53 % du PIB quand le pourcentage correspondant se réduit régulièrement, année après année, jusqu'à un niveau de l'ordre de 46 % chez nos concurrents. L'écart est aujourd'hui supérieur à six points de PIB. Comme si, brutalement, nous avions à un certain moment relâché toute discipline.

Cette observation suffit néanmoins à tuer l'idée de relance de l'économie par la dépense publique : si cette théorie avait quelque mérite, nous devrions être les champions européens de la croissance. Or, de 1993 à 2007, si s'alourdissait dans notre pays le poids des prélèvements obligatoires quand partout ailleurs le mouvement inverse était amorcé, notre taux de croissance moyen fut à peine supérieur à celui de l'Allemagne qui avait pourtant à financer sa réunification et légèrement inférieur à celui de l'ensemble de la zone euro.

Cependant, si l'action budgétaire fut un élément important des plans de redressement de 1982-1983, elle n'en était pas la composante principale. L'essentiel se déroula sur un autre terrain. Dans les deux années précédentes, la France, par application d'une politique irréaliste, avait forcé sa demande interne qui avait progressé, en niveau cumulé, de cinq points de plus que celle de l'Allemagne, notre premier partenaire commercial. Rien d'étonnant, dès lors, que notre déficit de commerce extérieur se creusât rapidement. En dépit des affirmations souveraines de François Mitterrand (« La France n'est quand même pas à cent milliards de francs près »!), la situation devenait intenable.

L'anesthésie perpétuelle

Au tout début de l'année 1982, Pierre Mauroy demanda à Henri Guillaume et moi-même, un matin tôt, de le rejoindre dans son bureau. Je ne sais s'il y eut jamais à Matignon, sous la Ve République, un macroéconomiste de profession dont l'action fut aussi décisive que celle d'Henri. Complices depuis de nombreuses années, nous nous entendions comme larrons en foire.

« Alors les amis, nous dit le Premier ministre, où allons-nous ? »

Nous répondîmes tour à tour avec cette dérision incisive qui nous permettait de parler avec légèreté de choses graves et de nous faire comprendre sans nous engager complètement, de tâter le terrain en quelque sorte :

« Droit dans le mur, Monsieur le Premier ministre.

– Mais encore, que voulez-vous dire ? »

Nous continuâmes un instant sur le même ton, avec ce mélange particulier de révérence pour la fonction et d'amitié personnelle qui caractérisait de longue date nos relations avec Pierre Mauroy :

« Pierre, tu peux commencer à préparer ta valise et demander à la diplomatie française d'organiser ta prochaine visite au FMI. » Le rôle, aujourd'hui sans usage, de cet organisme international était d'accorder des facilités de crédit aux pays devenus incapables de faire face à leurs obligations de paiement, tout en les mettant sous étroite tutelle.

Le sourire disparut de son visage : « Soyons sérieux, que va-t-il se passer ? »

Sarkozy : *l'erreur historique*

Nous répondîmes, toujours en alternance, ravis de pouvoir marquer notre désaccord avec la politique menée depuis mai 1981 et développer enfin notre propre discours, jusque-là sans écho :

« Tu as été obligé, en octobre dernier, de faire une première dévaluation. Elle a été techniquement ratée, faute de mesures d'accompagnement sérieuses. Une rivalité stupide régnait entre Jacques Delors, ministre des Finances, dont l'analyse était voisine de la nôtre et Laurent Fabius, ministre du Budget, particulièrement agressif, qui se voulait l'interprète incontournable de la pensée présidentielle : chacun essayant de mettre un chapeau trop encombrant sur la tête de l'autre (qui est responsable de l'échec ?), rien ne se passa.

« Ainsi n'y eut-il aucun effort de compression de la demande des ménages, aucun frein mis aux revendications salariales, aucune restriction budgétaire digne de ce nom. Une dévaluation sans tour de vis ne peut pas réussir. Nous avons rapidement perdu dans l'inflation tout le bénéfice du changement de parité : un coup pour rien. Au moment où nous te parlons, Monsieur le Premier ministre, les sorties de devises qui avaient repris dès le mois de décembre ont tendance à s'accélérer : quelque cent à deux cents millions de dollars par jour. A ce rythme, les caisses vont complètement se vider et nous serons assez vite en défaut de paiement. Comment régler alors nos importations ? Il faut que tu te prépares à ta deuxième dévaluation, devenue inévitable. Nous n'avons pas été assez présents lors de la précédente, nous ferons en sorte, cette fois-ci, de contrôler de plus près la bonne exécution des choses.

– Quand la voyez-vous?

– A peu près un an après la première, donc à l'automne prochain.» J'étais trop optimiste puisqu'elle intervint en fait en juin 1982. « Préparez-moi un plan pour le président de la République.»

C'est ainsi que fut pris le virage de politique économique de juin 1982 puis mars 1983, vers ce que Lionel Jospin, alors premier secrétaire du parti socialiste, crut bon d'appeler la « parenthèse » de la rigueur, commettant ainsi une erreur de forme et de fond que le parti socialiste, aujourd'hui encore, continue de payer.

Les charmes oubliés de la dévaluation

Dévaluer la monnaie nationale avait une double vertu. Dans l'ordre symbolique, l'acte signifiait clairement au pays qu'il ne pouvait continuer à vivre au-dessus de ses moyens et qu'il devait pendant quelque temps, tel un ménage essayant de rétablir ses finances après avoir dépensé plus qu'il ne gagnait, faire régime. Le gouvernement qui y procédait essayait de solder en une fois les erreurs de gestion soit de ses prédécesseurs (auquel cas la présentation politique de l'opération était relativement aisée), soit les siennes propres, ce qui l'obligeait alors à reconnaître comme mauvaise la politique qu'il avait menée et qu'il fallait décidément changer.

L'épuisement des réserves de change mettait l'équipe en place sous l'empire de la nécessité. Ne plus pouvoir assurer les paiements extérieurs révélait une sorte de faillite vis-à-vis du reste du monde qui rendait soudainement impossible le financement des importations les plus indispensables. Le déficit du commerce extérieur, poussé jusqu'à son extrémité et durement constaté, devait être absolument corrigé. Nulle échappatoire pour sortir de cet embarras : la rigueur était imposée par la contrainte. Ainsi la dévaluation était-elle l'arme par excellence qui mettait fin à la démagogie. Des promesses électorales excessives, une politique commodément laxiste, et la sanction tombait : l'aveu implicite de leur responsabilité entraînait le plus souvent une forte chute de popularité des dirigeants concernés, ce qui ne les exonérait en rien de leur obligation d'agir.

La dévaluation avait un second avantage, d'ordre technique. Bien menée, elle permettait de combattre en une seule fois l'ensemble des déséquilibres affectant l'économie du pays, et en particulier les deux déficits jumeaux des finances publiques et du commerce extérieur.

La chose est aisée à voir pour le second. Post-dévaluation, les exportations voient leur contrepartie en monnaie nationale (donc en francs à l'époque) augmenter immédiatement du taux de l'ajustement, ce qui provoque une amélioration d'autant de la marge des entreprises concernées. Elles peuvent en affecter une partie à restaurer leur compétitivité par une baisse de leurs prix en devises, ce qui entraîne mécaniquement un accroissement des quantités vendues, à un prix en francs supérieur ou égal à ce qu'il était auparavant. La dévaluation se traduit donc immédiatement par une augmentation en valeur des exportations.

Simultanément, les marchandises importées deviennent plus onéreuses en monnaie nationale. Ce premier prélèvement, par effet-prix, sur le pouvoir d'achat des ménages entraîne une moindre consommation des biens correspondants : les importations décroissent en volume même si dans un premier temps leur valeur en francs continue à augmenter, la hausse de leurs prix l'emportant provisoirement sur la diminution des quantités. L'amélioration du commerce extérieur n'est donc pas nécessairement très rapide (toute action de politique économique a besoin de la durée pour atteindre ses objectifs et de persévérance dans l'exécution). Elle n'apparaît comme certaine que lorsque la réduction des volumes importés devient prépondérante.

Tel fut le cas lors du virage précédemment évoqué : la balance des échanges de biens et de services qui était déficitaire de 3,2 % du PIB en 1982 ne l'était plus que de 1,1 % dès l'année suivante (c'est-à-dire moins qu'aujourd'hui où, comme on l'a vu, le chiffre est proche de deux points de PIB) et de 0,5 % en 1984.

On comprend cependant que la réduction du déficit externe n'est durable que si une condition primordiale est remplie : il ne faut pas que le choc initial de hausse des prix des biens importés se transforme en une vague d'inflation qui fasse perdre tout le bénéfice du changement de parité. En ce sens il est vital d'avoir une politique monétaire assez restrictive, ainsi que de faire pression sur le pouvoir d'achat des ménages afin d'éviter que ceux-ci ne réussissent à compenser par des salaires accrus le sacrifice initial qu'ils ont consenti comme consommateurs de biens de provenance étrangère. De cette analyse découla, à l'été 1982, le blocage pendant quatre mois des prix et des salaires, mesure qui fut imposée par Matignon et que personne n'avait jamais osé appliquer. Le résultat fut à la hauteur de ce remède radical. La compétitivité-coût de l'appareil productif s'améliora rapidement entre 1982 et 1984. Notre différentiel d'inflation qui était de 3 points avec l'ensemble des pays de l'OCDE en 1982 (12,2 % contre 9,3) n'était plus que de 0,6 point en 1983 (9,5 % contre 8,9) et de 0,3 en 1984 (8 % contre 7,7). Cependant, l'écart étant beaucoup plus important avec l'Allemagne (7 points en 1982), il fallut attendre six ans de plus (1990) pour que, après bien des efforts et une quatrième dévaluation sous l'égide d'Edouard Balladur, alors aux Finances, l'inflation française devienne enfin plus

faible que l'allemande. Presque une décennie pour
que la « désinflation compétitive », conçue et prô-
née par Jacques Delors, devienne une réalité ! On
est loin de l'immédiateté sarkozyenne...

Interdire tout dérapage des rémunérations a
une autre conséquence favorable : une politique
salariale de modération permet, par accroissement
des marges des entreprises, d'amplifier le regain
de compétitivité de l'appareil productif résultant
de la dévaluation. Le curseur qui marque le partage de la valeur ajoutée se déplace en faveur de
celles-ci, au détriment des salariés. Au moment de
l'alternance de 1981, le contraire venait de se produire. Le taux de marge des sociétés non financières avait atteint un point bas historique en 1982
(23,9 %), après les deux chocs pétroliers de 1974
et 1979 dont le coût n'avait été que très partiellement répercuté sur les ménages (l'action de Raymond Barre n'avait pas été à la hauteur de son
verbe) : les entreprises avaient payé sur leurs profits bruts la hausse massive du prix du pétrole
importé. En fait, les plans de redressement de
1982-1983 permirent à la fois de corriger les fantaisies des premiers mois de la gestion mitterran-
dienne et, plus structurellement, de terminer
l'adaptation de l'économie française à la nouvelle
donne internationale : il y eut dans notre action,
pour une part significative, comme une sorte de
reliquat de correction barriste.

Dès 1983, le taux de marge des entreprises
recommençait à augmenter, sans interruption

pendant les années clés de la désinflation, jusqu'en 1989 où il atteignit un sommet (33 %) que nous n'avons jamais retrouvé. Dès 1986, il passa la barre des 30,7 % qui est très précisément le niveau où le reflux nous a conduits, vingt ans plus tard.

Enfin, une hausse temporaire des prélèvements obligatoires sur les seuls ménages fait partie intégrante de tout plan de redressement digne de ce nom : effaçant le surplus de consommation interne, elle réduit la demande d'importations ; libérant de même les capacités de production des entreprises, elle encourage ces dernières à se tourner vers l'exportation pour trouver des débouchés et tirer parti de leur amélioration de compétitivité ; dégageant des ressources nouvelles pour le budget de l'Etat et le système de protection sociale, elle réduit le déficit des finances publiques.

Ainsi peut-on d'un même mouvement, à condition qu'il soit ferme et réfléchi, corriger tous les désordres dont souffre une économie développée : restauration de la compétitivité des entreprises, amélioration de leurs marges, réduction du déficit extérieur et rétablissement des finances publiques. Bien entendu, la brutalité de la thérapeutique, appliquée sur un temps relativement court, n'alla pas sans effets secondaires. De 1982 à 1984, le taux de croissance de l'économie française fut divisé par deux (de 2,4 à 1,2 %) tout en restant positif, à un niveau que nous considérerions aujourd'hui comme médiocre mais acceptable. Simultanément, en 1983 et 1984 le pouvoir

d'achat des ménages subit une légère diminution
(- 0,1 % puis - 1,1 %), ce qui était conforme à la
politique suivie. S'agissait-il d'un sacrifice inutile ? Certes pas,
mais d'une indispensable remise en ordre. L'effort
temporaire de restriction de la demande eut le
caractère d'un investissement : une fois les principaux déséquilibres résorbés, la marche en avant
put repartir sur des bases saines : de 1986 à 1990
(soit cinq ans), la France a connu un taux de
croissance annuel moyen de 3 %, chiffre qu'elle
n'a depuis plus jamais atteint sur une période
aussi longue. De 1982 à 1990 (donc y compris la
période des deux plans de rigueur), son taux de
croissance (2,5 %) fut quasiment identique à celui
de l'Allemagne comme à celui de la zone euro.

L'euro comme anesthésiant

La France de Sarkozy souffre en 2007 des
mêmes maux que celle de Mitterrand en 1981, et
pour la même raison : une relance à contretemps.
Poussant jusqu'au bout le parallélisme, maints
observateurs prédisent l'arrivée prochaine d'un
plan d'austérité, les uns pour s'en réjouir de
manière un peu hypocrite, les autres pour en
conjurer le risque.

Je n'appartiens à aucune de ces deux catégories.
Ayant le sentiment légèrement décalé de revivre
(mais un quart de siècle plus tard !) une histoire

déjà connue, je serais satisfait, dans l'intérêt du pays, de voir le gouvernement le ramener sur le chemin de l'effort et de la rigueur de gestion. Je suis convaincu qu'il n'en sera rien.

La bataille gagnée contre le Mitterrand de mai 1981 et ses « conseillers du soir », ceux qui lui suggéraient de changer de Premier ministre, qui lui susurraient des « Vive l'inflation et le flottement de la monnaie », « Vive le protectionnisme et le contingentement des importations », « Vive la croissance par l'augmentation des salaires et des prestations sociales ou par l'investissement public », cette bataille fut gagnée d'extrême justesse, après un dur combat. Ceux qui l'emportèrent eurent à leur disposition trois ingrédients dont la combinaison fut décisive : une contre-équipe fortement constituée, une contre-politique dûment conceptualisée, et surtout l'aide irremplaçable de la contrainte extérieure. Tous trois sont aujourd'hui absents : n'existent dans la majorité actuelle ni la formulation convaincante d'une autre politique économique, ni le groupe de femmes ou d'hommes capables de l'incarner. Enfin aucun contre-pouvoir externe ne semble pouvoir obliger au passage à l'acte.

L'équipe tout d'abord. En 1981, elle était dans les murs puisqu'elle formait une partie, la plus éminente par les responsabilités, du gouvernement lui-même. Pierre Mauroy, Premier ministre, Jacques Delors, ministre des Finances. Excusez du peu ! Ils avaient, par leur action conjointe, le poids politique voulu pour convaincre le président de la République et entraîner derrière eux, *nolens volens*, le reste du gouvernement traversé de tant de courants et d'ambitions rivales qu'il en devenait incohérent dans la critique, un groupe parlementaire socialiste dépassé par l'enjeu mais conscient de l'impopularité croissante d'un pouvoir élyséen enfermé dans une impasse mortifère, un PS réticent et un PC hostile. Plusieurs indices laissent supposer la lucidité de François Fillon. L'hyperprésidence de Nicolas Sarkozy ne lui laisse aucun espace où faire prospérer son point de vue, encore moins s'opposer. Quant à Christine Lagarde, ce n'est pas lui faire injure de dire qu'elle ne tient pas encore la comparaison, ni politique, ni technique, avec son lointain prédécesseur.

La vision macroéconomique ensuite. Philippe Lagayette et Pascal Lamy à Rivoli, Henri Guillaume et moi-même à Matignon servions de relais entre nos patrons politiques respectifs et une administration qui, ayant mis son espoir dans notre tentative de redressement des comptes, nous alimentait sans vergogne et souvent par la voie la plus directe en modèles, études, analyses et chiffrages de toutes sortes. Ainsi ai-je pu répondre de façon argumentée et sur l'heure (je veux dire, en moins d'une journée) à des suggestions aussi admirables que la réduction instantanée de 10 % de toutes les importations par la mise en place de restrictions quantitatives ou le remplacement des banques par la seule Banque de France dans la distribution du crédit afin de faire baisser les taux d'intérêt (la monnaie centrale étant réputée d'un prix de revient nul). Nous étions organisés comme une équipe professionnelle, avec un schéma de jeu bien arrêté et une occupation soigneuse du terrain, en face de joueurs dangereux par leurs initiatives désordonnées mais dotés d'une technique de division inférieure.

La difficulté est aujourd'hui que le capitaine tout-puissant de l'équipe au pouvoir est en matière économique un amateur qui croit être pro. Peut-il être touché par la grâce? Je ne le pense pas. Rien ne peut se faire sans son assentiment. Changer de schéma impliquerait qu'il reconnaisse son erreur initiale. Je le crois trop sûr de lui et de son jugement, trop ignorant de l'intelligence d'autrui dès lors qu'elle ne rencontre pas ses vues pour admettre qu'il ait pu gravement se tromper. L'économie, à la différence des mathématiques ou de la physique, est pour lui une discipline ouverte au politique, au sens où la vérité ne découlerait pas de chiffres, de modèles et de démonstrations scientifiquement fondées (autant qu'il est possible) mais de l'affrontement dialectique de thèses opposées. Que le meilleur gagne, en quelque sorte : à ce jeu il est, lui, le meilleur. Comme si la plaidoirie permanente d'un avocat trop habile pouvait conduire le tribunal à oublier la réalité des faits. En un mot, je crains son entêtement.

Pourquoi pourra-t-il persévérer longtemps dans l'erreur là où François Mitterrand fut obligé de céder au bout de quelques mois ? Pour une raison simple : l'euro a fait disparaître la contrainte extérieure. Chaque pays de la zone, par définition, a renoncé à sa monnaie nationale et à la gestion souveraine de ses réserves de change. Ces dernières sont centralisées, pour compte commun, à la Banque centrale européenne. Un pays dont le commerce extérieur est structurellement déficitaire achète auprès de celle-ci, en euros et sans limite, les dollars dont il a éventuellement besoin pour régler ses importations. La BCE est elle-même alimentée en sens inverse par les surplus en devises des pays exportateurs nets. Tant que la balance des opérations courantes de l'ensemble de la zone euro vis-à-vis des pays tiers est excédentaire (ce qui est le cas, à une ou deux années près, depuis sa création), aucune pression ne s'exerce sur le stock central de devises. Les soldes externes de chaque pays, pris individuellement, n'ont aucune importance si les excédents des uns font plus que compenser les déficits des autres. La balance commerciale fortement positive de l'Allemagne, des Pays-Bas et de la Belgique (5 % du PIB pour la première citée, près de 10 % pour les Pays-Bas comme on l'a déjà dit) finance ainsi le déficit de l'Espagne, de l'Italie et de la France. Payant ses importations dans sa propre monnaie, aucun pays n'est plus menacé d'un assèchement de ses réserves. On peut avoir un commerce extérieur de plus en plus déficitaire (ce qui est aujourd'hui le cas de la France), la crainte de la cessation de paiement a disparu. Ne nous y trompons pas : le financement du déficit externe des pays latins, des pays « Club Med », n'est pas de la part de l'Allemagne un acte volontaire, consciemment assumé, à laquelle elle pourrait mettre fin si elle le souhaitait, mais la conséquence mécanique de l'existence d'une monnaie unique. Le déficit français, comme celui des autres pays, n'est plus visible, n'est plus isolable dans la masse des échanges extérieurs de l'Europe.

Cette solidarité de fait, impossible à rompre (sauf à faire disparaître la monnaie unique elle-même), est d'autant plus forte qu'elle s'étend (ce qui n'avait rien d'évident a priori) du commerce à la sphère financière et aux emprunts externes des différents Etats. Les marchés, à tort ou à raison (à mon avis plus à raison qu'à tort), font l'hypothèse que l'Europe tout entière garantit *de facto* les dettes vis-à-vis de l'étranger de ses pays membres : menacée de défaillance, une nation particulière serait secourue par les autres.

Cette double solidarité, automatique en matière de règlements commerciaux, implicite pour ce qui est des remboursements d'emprunts, explique seule que la tranquille affirmation de François Fillon, Premier ministre de la République, annonçant *urbi et orbi* : « L'Etat français est en faillite », n'ait entraîné aucune conséquence dont notre crédit ait souffert, ni sur le marché des changes (par construction), ni sur celui de la dette : les taux d'intérêt payés par les emprunteurs français sur le marché international n'ont pas varié d'un iota. En d'autres temps, lorsque nous étions sous régime de monnaie nationale, une telle sortie, au niveau où se trouve actuellement le déficit du commerce extérieur, eût entraîné aussitôt fuite de capitaux, épuisement des réserves en devises et envolée des taux d'intérêt, ce qui aurait obligé le gouvernement à une soudaine dévaluation et à l'adoption du plan de redressement associé.

L'euro, qui a par ailleurs tant d'avantages, est donc un formidable anesthésiant. Il masque notre impéritie, à nos propres yeux plus encore qu'à ceux des tiers. Grâce à lui, nous pouvons continuer longtemps à nous abreuver de paroles exaltantes tout en maintenant par démagogie des réglages qui condamnent notre économie au recul, au moins relatif.

Le marché unique offre aux entreprises européennes, aux nôtres comme à celles de nos partenaires, un vaste espace où se déployer et faire jouer à plein les économies d'échelle, gages d'une meilleure efficacité. Mais personne n'a jamais prétendu que les différentes provinces d'une union monétaire devaient toutes se développer d'un même pas. Si la croissance de l'ensemble est renforcée, chacun n'en tire pas le même parti. Au-delà de la solidarité financière, aucun mécanisme n'existe qui forcerait les comportements à s'aligner. Certaines régions travailleront beaucoup, investiront de même, créeront de plus en plus de richesses et verront peu à peu leur niveau de vie s'accroître en conséquence. D'autres voudront privilégier la consommation des ménages plutôt que l'investissement des entreprises, la demande des premiers plutôt que l'offre des secondes, et s'enfonceront doucement dans les profondeurs du classement, avec de moins en moins de croissance, donc de progression du pouvoir d'achat, et une dépendance accrue vis-à-vis de l'étranger. Nul contre-pouvoir ne peut nous empêcher de nous abandonner à cette sorte de relâchement. Le seul domaine où Bruxelles peut nous faire des observations puis, le cas échéant, nous menacer de sanctions pour nous inciter à changer de ligne est celui des finances publiques. L'expérience montre que ni la Commission, ni le Conseil des Etats membres ne sont très pressés d'ouvrir les hostilités contre les récalcitrants. L'indulgence de la diplomatie tempère la rigueur des comptables, la politique l'emporte souvent sur l'économie. Au demeurant, croyez-vous que nos partenaires ne fassent pas leur miel, au moins jusqu'à un certain point, de notre affaiblissement ?

Il suffira d'ailleurs à Nicolas Sarkozy de ramener le déficit des finances publiques à un étiage médiocre mais respectueux de la norme (2,8 % du PIB, par exemple, quand Bruxelles gronde à partir de 3) pour être libre de ses mouvements. Libre de préférer l'apparence de la réforme à sa réalité et l'idée de la rupture au vrai changement. Libre de ne pas s'occuper d'investissement, libre de ne pas modifier le partage de la valeur ajoutée afin qu'il soit plus favorable à l'entreprise, libre, lui qui est si agité, de présider dans le bruit à l'endormissement du pays.

Héraut du changement, de la rupture, il est en fait l'organisateur d'une terrible régression : celle qui permet aux Français de penser (comme en 1931, souvenez-vous!) que la croissance est un dû et le pouvoir d'achat un droit politique (sinon constitutionnel). En ce sens il est, dans le discours comme sur le fond, proche de la position la plus traditionnelle de la CGT, ce qui augure mal de la modernisation réelle du pays. Accusation injuste? Comment réformer autrement qu'à la marge si l'analyse, en son cœur, ne se distingue pas de celle des défenseurs les plus acharnés du « toujours plus en travaillant moins »? « Gagner plus en travaillant plus » est une réponse partielle, une amélioration insuffisante, un changement d'angle bienvenu mais qui ne traite pas le fond du problème : que la quantité de travail soit changée ou pas, le réglage de notre économie doit être modifié. Peut-être, direz-vous, est-ce chez notre président une habileté de langage qui masquerait des convictions plus affermies? Qui veut plaire à tout le monde ment à chacun. Je ne crois pas que l'ouverture vaille jusqu'à prendre à la gauche ses idées les plus rétrogrades, à Maryse Dumas son langage revendicatif, ni que l'on puisse réformer un pays sans lui dire toute la vérité.

C'est ainsi que, faute de consacrer à notre appareil productif tous les soins qu'il mérite et qui sont un préalable à l'amélioration du pouvoir d'achat, nous deviendrons peu à peu le territoire de repos des légions du nord de l'Europe qui sont, elles, complètement engagées dans le combat de la mondialisation. Rien n'arrêtera ce processus désolant, si ce n'est le pouvoir des urnes. Et je rêve pour mon pays, le plus tôt possible, que le successeur de Nicolas Sarkozy, quel qu'il soit, sache mettre un terme à l'illusion, dissiper les leurres et tracer devant le peuple les voies austères mais prometteuses d'un vrai redressement.

7

Les voies du redressement

L'appareil politique et syndical tout entier, de la gauche à la droite, parle aux Français d'augmentation des salaires, d'amélioration du pouvoir d'achat, de relance par la consommation. Quoi d'étonnant si le peuple ainsi flatté affirme une forte préférence pour le présent et les satisfactions immédiates, au point de faire payer par les générations futures ses dépenses actuelles, quoi de surprenant s'il néglige la préparation de l'avenir? Quel mystère explique-t-il que la démocratie française, plus qu'aucune autre, accueille avec faveur les fausses promesses et prête si aisément le flanc à la démagogie? Car il n'y a pas de réel courage dans une réforme conçue pour plaire à tous, ni de lucidité collective dans son adoption, à raison même de ce défaut qui la vide de toute efficacité.

Nulle part ailleurs, la répartition du revenu national est aussi défavorable aux entreprises. Comme si, au nom d'une idéologie née au XIXe siècle mais encore présente, les derniers oripeaux de la vulgate marxiste voulaient que le patron soit l'ennemi et l'entreprise un lieu d'exploitation. Ce que nous explique, avec sa perversité faussement candide, Olivier Besancenot qui, devenu la coqueluche des médias auprès desquels il a pris la place d'Arlette Laguiller, redonne un air de jeunesse aux idées les plus racornies. Ne nous y trompons pas, l'influence des groupuscules révolutionnaires dépasse, et de loin, leurs scores électoraux. Car ce qu'ils expriment, version extrême, caricaturale, à peine modernisée du catéchisme anticapitaliste, correspond à un sentiment moins raide, plus confus mais largement répandu chez nos concitoyens et leurs représentants : tout pouvoir opprime, et d'abord le pouvoir économique qu'il est donc légitime de combattre. C'est oublier que l'entreprise qui organise le travail collectif (ne serait-elle pas, de ce seul fait, tenue pour oppressive?) est l'endroit où se crée la richesse. En ce sens, elle constitue un « bien public » et devrait être reconnue plutôt que vilipendée. Muscler l'appareil productif, lui permettre d'investir davantage et, à cette fin, de disposer pour lui-même d'une part plus importante de sa propre valeur ajoutée, tels sont les chemins de la prospérité. Quitte, on y reviendra, à être plus exigeant sur la répartition de la richesse née de l'effort de tous.

Que faire pour sortir des ornières où nous sommes enlisés? Je voudrais décrire en quelques pages les grandes orientations qui devraient former l'ossature d'une politique de redressement.

Libérer le travail

La première mesure consiste à libérer le travail pour augmenter le taux de croissance potentielle de notre pays. Je veux dire, le libérer vraiment en mettant fin aux 35 heures, sans avoir à payer pour cela des milliards d'euros d'argent public. On a vu ce qu'était la solution : il suffit de renvoyer au dialogue contractuel entre partenaires sociaux les décisions relatives à la durée du travail et surtout à sa rémunération, point sur lequel Nicolas Sarkozy, tout à sa volonté de distribuer du pouvoir d'achat, demeure figé. Ne resteraient comme instruments centraux, interprofessionnels, à la main de l'exécutif et/ou du législateur, qu'une durée maximale du travail qui serait d'ordre public (aujourd'hui 48 heures par semaine en vertu d'une directive européenne) et le SMIC. Bien entendu seraient supprimées les exonérations de charges sociales et d'impôt sur le revenu accordées aux heures supplémentaires, ce qui permettrait de faire de significatives économies budgétaires.

Rétablir les finances publiques

L'objectif central est de déplacer de quelques points, trois à quatre, en faveur des entreprises et donc au détriment provisoire des ménages, le partage de la valeur ajoutée. Un tel projet ne sera guère populaire, objectera-t-on, et bien fous les hommes politiques qui en prendraient le risque. Certes, mais où est leur mérite s'ils ne savent défendre l'intérêt général ? Ou encore, pourquoi ce que nos voisins allemands ont réussi à faire nous serait-il inaccessible ? Enfin, s'il n'est pas d'autre voie pour améliorer vraiment le niveau de vie de la population, faut-il y renoncer parce que l'explication en serait délicate et le populisme électoralement plus rémunérateur ? La première condition pour convaincre le peuple est de lui dire ce qui est.

Bien entendu, un tel rééquilibrage ne peut plus se faire aussi brutalement qu'autrefois. Le temps est passé des dévaluations qui, réussies, entraînaient un transfert instantané de charges des entreprises vers les ménages. A l'époque, selon un processus déjà décrit, le changement de parité de la monnaie nationale provoquait une augmentation des prix des biens importés et une amélioration de compétitivité des entreprises exportatrices. Mais, pour que cet avantage ne soit pas rapidement perdu, la dévaluation s'accompagnait toujours de ce qu'on appelait un tour de vis : l'équilibre des finances publiques était, autant que possible, rétabli par une hausse des prélèvements obligatoires sur les ménages (impôts et cotisations de Sécurité sociale). Dans le même temps, il fallait interdire que l'amputation de pouvoir d'achat, résultant à la fois de cette remise en ordre budgétaire et de la hausse de prix des importations, soit annulée par des augmentations de salaires : d'où l'importance de la lutte contre les indexations. Ainsi la demande interne était-elle contenue, contrainte. Les entreprises, face à des débouchés internes soudainement rétrécis, retrouvaient en même temps qu'une meilleure compétitivité une capacité de production disponible pour les marchés extérieurs.

Ce bref rappel d'événements aujourd'hui révolus fournit deux enseignements toujours vrais : la remise en ordre de l'appareil productif passe nécessairement par un prélèvement sur le pouvoir d'achat des ménages (à nouveau, qui d'autre pourrait payer une telle opération?). Mais ce sacrifice instantané est ultérieurement compensé et au-delà, dès lors qu'un sentier de croissance mieux soutenue, appuyée sur un investissement plus intense, peut être suivi.

Les conditions politiques du moment ne permettent plus la mise en œuvre de techniques aussi rudes. Ce que la chirurgie autorisait hier, il faut désormais l'obtenir à l'identique mais par des thérapeutiques plus douces, donc plus longues. Là où on visait des réductions explicites du pouvoir d'achat, on va plus modestement infléchir sa progression. Année après année, avec une sorte de tranquillité opiniâtre, il convient de modifier à la marge la répartition de la valeur ajoutée, du PIB, de façon à en laisser une part un peu plus fournie aux entreprises, un peu moins grande aux ménages, mais sans que jamais le revenu disponible de ces derniers ne recule en valeur absolue. Deux instruments sont disponibles à cet effet. L'un, plus direct, relève des entreprises elles-mêmes : il suffit que les salaires augmentent légèrement moins vite que la productivité du travail, ce qui se passe presque partout en Europe, pour que la différence améliore les marges. Le pouvoir politique n'a sur ce mécanisme que peu d'action, sauf à le polluer par des déclarations intempestives. L'autre consiste à modifier peu à peu la répartition des frais fixes de la nation. Comme la moitié du PIB est recyclée chaque année par la sphère publique, on peut, on doit se servir du budget de l'Etat comme d'un transmetteur non plus de vices divers et variés mais de vertu, non plus de populisme mais du sens de l'effort. A l'exact opposé de ce qu'a fait Nicolas Sarkozy, au lieu de financer par un déficit budgétaire accru des cadeaux fiscaux aux ménages, il faut dans un premier temps rétablir les finances publiques pour pouvoir ensuite alléger les charges des entreprises.

Revenir à l'équilibre budgétaire, le plus vite possible, telle est donc la deuxième mesure du programme. Disons en trois ans au plus, au rythme de 1 % par an. Comment y parvenir ?

Je ne crois pas, je l'ai déjà dit, que la réduction de la dépense publique y suffise. Bien entendu, il faut augmenter la productivité des administrations centrales et des collectivités locales, bien entendu on doit réexaminer leurs périmètres d'intervention, bien entendu on s'attend que l'Etat fasse, comme tout un chacun, des économies sur ses frais généraux. Mais ces actions, pour souhaitables qu'elles soient, ne sont pas à la hauteur du problème. D'abord, en raison de leur difficulté d'exécution et parce qu'elles portent sur des chiffres qui ne sont pas en proportion des impasses budgétaires dont nous avons à souffrir. En outre, marteler que le rétablissement du budget passe uniquement par la réduction de la dépense publique, c'est désigner les fonctionnaires comme seuls boucs émissaires de l'état déplorable de nos finances. Cette accusation est injuste. Ils ne sont par exemple pour rien dans le déficit des régimes de retraite et d'assurance maladie qui représentent conjointement une dizaine de milliards d'euros. Enfin, les progrès de productivité qu'il faut effectivement leur demander seront d'autant mieux acceptés que les personnels des diverses fonctions publiques auront le sentiment de participer à un effort collectif de la nation, auquel chacun contribue à hauteur de ses possibilités.

D'ailleurs, ménage ou Etat, qui veut rétablir un budget déséquilibré sait qu'il convient à la fois de diminuer les dépenses et d'augmenter les recettes : ainsi va le sens commun. Si l'on entend vraiment déplacer des entreprises aux ménages un curseur de charges mal réglé, la hausse des taux de certains prélèvements est incontournable. En commençant bien entendu par le système de protection sociale. Le déficit qui y est malheureusement reconduit année après année représente aujourd'hui un bon 20 % du déficit public global. Or, s'agissant d'un pur système de redistribution, aucune raison ne justifie que les cotisations prélevées n'équilibrent pas à tout instant les prestations accordées.

L'exemple des retraites est à cet égard particulièrement éloquent, mais l'assurance maladie se prêterait à des développements similaires. Dans un régime de capitalisation, chacun s'abstient aujourd'hui pour recevoir demain, et la société tout entière épargne pour ses vieux jours. Au nom de la solidarité collective (quel merveilleux prétexte : elle eût aussi bien pu être organisée dans le cadre de la capitalisation), nous avons préféré au lendemain de la Libération un système de moindre discipline : dans un régime de répartition, les actifs paient au comptant, par prélèvement immédiat sur leurs revenus, les pensions de leurs contemporains retraités : le transfert des uns (les cotisations) aux autres (les prestations) est instantané. C'était encore trop de rigueur, ce mot que détestent la plupart de nos hommes politiques. Nous avons inventé le *nec plus ultra*, la répartition à crédit. Les actifs de demain, voire d'après-demain, rembourseront des retraites financées aujourd'hui à crédit, par le déficit de l'Etat.

A cela, il faut mettre fin et poser comme un principe constitutionnel que le système de protection sociale doit être en permanence équilibré. En cohérence avec le but poursuivi, le retour à cette situation doit résulter d'un effort des seuls ménages, par un mélange à déterminer d'une augmentation des cotisations dont plus personne ne semble oser parler et/ou d'une réduction des prestations. Si cette volonté était enfin marquée, la discussion politique retrouverait ici tous ses droits, pour décider quelles sont les moins mauvaises proportions. L'économiste, cet être à sang froid, a tendance à penser que l'allongement de la durée de cotisations est incontournable en matière de retraites ainsi que l'instauration d'un vrai ticket modérateur pour les dépenses de santé, sans que cette double mesure permette d'éviter une hausse modérée des cotisations à la charge des ménages. Et il constate avec terreur que si le débat sur les retraites est bien ouvert, personne, aucun dirigeant, ni à gauche, ni à droite n'évoque plus l'idée même d'un plan pour rétablir l'assurance maladie. Cinq ou six milliards d'euros de déficit qui se creuse tous les ans de manière répétitive et nous ne disposons même pas d'un concept pour essayer d'endiguer la montée des eaux !

L'équilibre de la Sécurité sociale ne suffira pas à restaurer celui des finances publiques. Une action résolue sera également nécessaire sur le budget de l'Etat proprement dit. Elle visera à obtenir une augmentation des recettes fiscales, soit par une remise en cause de faveurs antérieurement consenties, soit par une majoration temporaire de certains impôts.

Au titre de la première rubrique, on fera disparaître la déduction fiscale sur les intérêts d'emprunts immobiliers dont l'effet macroéconomique est sans doute voisin de zéro. De même on reviendra, dans les conditions précédemment évoquées c'est-à-dire après une vraie réforme des 35 heures, sur l'allègement des charges sociales lié aux heures supplémentaires et sur leur exonération de l'impôt sur le revenu. De façon plus générale, il conviendra de peigner avec soin l'ensemble des exemptions de charges ou d'impôts dont bénéficient certains revenus du travail : intéressement, participation, stock-options... N'est-il pas contraire à l'esprit même du système de répartition finançant notre protection sociale que telle ou telle forme de rémunération, jugée digne d'être encouragée, le soit par exonération de l'exigence collective de solidarité ? Surtout si les ménages qui en sont dispensés appartiennent aux catégories les plus favorisées. On conçoit que l'on puisse alléger la contribution des bas salaires : il est équitable que le smicard reçoive davantage de la Sécurité sociale qu'il ne lui verse de cotisations. Mais quelle raison justifie que l'on fasse de même pour l'intéressement du cadre moyen, *a fortiori* pour les stock-options du cadre supérieur ou du président de société ? Comment concilier l'attachement de la nation tout entière au principe de répartition avec le fait que le prélèvement, même à fin de protection sociale, soit haïssable puisque sa suppression apparaît comme une récompense pour ceux qui s'enrichissent? Ce faisant, on a mis le ver dans le fruit.

Au titre de la seconde rubrique, les plus riches doivent être les premiers à être sollicités. On ne remet pas tout un pays en ordre sans demander un effort aux plus fortunés. Mais à une double condition : que cette contribution exceptionnelle à la solidarité nationale ne devienne ni définitive, ni punitive. On peut penser à instaurer une ou deux tranches marginales supplémentaires à l'impôt sur le revenu, de façon clairement affichée comme provisoire. Pour bien marquer qu'il n'y a là aucune sanction à caractère idéologique, aucune volonté discriminatoire, on pourrait en profiter au passage, en contrepartie symbolique, pour supprimer l'impôt sur la fortune. Ainsi arrêterait-on de voir les chefs d'entreprise à la veille de céder leur société, leur outil de travail, s'exiler à Bruxelles ou Genève pour ne pas avoir ensuite, toute leur vie durant, l'ISF à payer du seul fait du passage d'un statut d'actif à celui de retraité : 5 000 personnes sont parties depuis l'origine, entraînant avec elles, au bas mot, une vingtaine de milliards de capitaux. Enfin, cette suppression de tout impôt récurrent sur le patrimoine justifierait que soit partiellement reduci le barème des droits de succession afin que l'exonération totale n'intervienne plus que dans 85 à 90 % des cas, et non pas 95 % comme arrêté dans la loi TEPA.

Serait-il si scandaleux que les héritiers des 10 à 15 % des familles les plus aisées contribuent ainsi au financement du budget de l'Etat?

Pour les mêmes raisons, un effort particulier sera demandé aux « ultra riches » : parachutes dorés et stock-options seront pour le moins soumis à cotisations sociales et impôt de droit commun, voire surfiscalisés au-delà d'un plafond à définir. S'agissant des stock-options, leur suppression pure et simple et leur remplacement par une forme de rémunération certes incitative mais moins dépendante des aléas boursiers devraient à mon sens être retenus.

Diminuer l'impôt sur les sociétés

Puisqu'on touche à la fiscalité, revenons un instant sur la notion d'imposition des revenus du capital que d'aucuns voudraient alourdir. Je crois plus utile, à ressources inchangées pour l'Etat, de se demander qui aujourd'hui en supporte la charge, des ménages ou des entreprises. Ainsi est-on conduit à distinguer soigneusement, comme je le souhaitais dans le premier chapitre (« Le désir d'argent »), l'entreprise et ses actionnaires, et s'ouvre-t-on la possibilité d'un transfert indolore du fardeau fiscal de la première aux seconds. Les ménages vont-ils en souffrir patrimonialement? Même pas. Est-ce à mon tour de devenir faiseur de miracles? Non plus : recettes

fiscales constantes, situation financière des actionnaires sans modification, élargissement des
marges des entreprises, ce résultat bienheureux
découle directement de l'application dans un cas
particulier du théorème général; mieux vaut,
d'un point de vue économique, taxer directement
les ménages que passer par l'intermédiaire du
système productif dont on détruit les marges au
passage.

La démonstration en est simple. Un capitaliste
personne physique touche des intérêts en tant
que prêteur, des dividendes et plus-values en
tant qu'actionnaire. Les intérêts ne font pas
l'objet d'une double imposition puisqu'ils sont
déductibles fiscalement du bénéfice des sociétés.
Laissons-les donc de côté. Au demeurant, on
ne s'attend pas que quiconque demande la fin
de l'exonération de l'impôt sur le revenu dont
bénéficient les titulaires d'un livret A : l'anti-
capitalisme a des limites.

Les dividendes, en revanche, sont taxés deux
fois : au niveau de l'entreprise par l'impôt sur les
sociétés qui réduit d'autant le bénéfice distri-
buable, au niveau des personnes physiques en
tant que revenu du capital. A recettes fiscales
constantes pour l'Etat, l'étage d'imposition n'a
aucune influence sur le patrimoine de l'actionnaire : ce qui compte pour lui est la recette nette
qu'il perçoit après cette double taxation.

On peut ainsi rêver à une sorte d'utopie fiscale.
Supposons que l'on réduise à rien l'impôt sur les

sociétés qui est actuellement du tiers du bénéfice imposable. Les marges brute et nette de l'entreprise sont augmentées du montant de l'impôt supprimé. Faisons l'hypothèse que la distribution aux actionnaires est accrue exactement d'autant : ce qui reste à disposition de l'entreprise pour financer ses investissements (l'autofinancement) ne varie pas. Il suffit que l'Etat taxe de façon majorée un flux plus nourri de dividendes, égal à la distribution antérieure à laquelle s'ajoutent les sommes auparavant consacrées à l'impôt sur les sociétés, pour reconstituer à un seul niveau, celui des ménages-actionnaires, ses ressources.

Tout ça pour ça, direz-vous, m'adressant un reproche que j'ai déjà fait à d'autres? Quel intérêt à ce bouleversement si, au bout du compte, rien ne change, ni l'autofinancement des entreprises, ni les dividendes nets perçus par les actionnaires auxquels le fisc reprend exactement la valeur créée par la suppression de l'impôt sur les sociétés à l'étage du dessus, ni les rentrées fiscales de l'Etat?

Certes, mais avec une énorme différence. Dans cette nouvelle organisation de l'impôt, le profit non distribué est complètement détaxé au détriment des dividendes qui sont plus lourdement frappés. A pression fiscale globalement inchangée, l'intérêt conjoint de l'entreprise et de ses actionnaires sera de moins distribuer, d'augmenter l'autofinancement et d'investir davantage, ce qui aura pour effet d'élever le taux de croissance. La valeur de l'action, nous dit la théorie financière, en sera augmentée d'autant. Très vite, les actionnaires retrouveront donc, et bien au-delà, sous forme de plus-values, la valeur des dividendes auxquels ils auront temporairement renoncé. Davantage d'investissement et de croissance, des détenteurs d'action enrichis après leur sacrifice initial, on voit bien sur cet exemple les conséquences favorables d'un transfert de charges des entreprises aux ménages. Cependant, l'Etat ne serait-il pas le dindon de la farce puisque sa matière imposable (les dividendes) s'en trouve alors réduite ? La réponse de principe est simple : il suffit qu'il taxe les plus-values à un taux adéquat pour reconstituer ses recettes.

Elargissons l'angle de vue : cette utopie permettrait de résoudre au passage l'énigme déjà rencontrée de l'arbitrage fiscal entre le travail et le capital. L'entreprise se préoccupe assez peu de savoir quelle est la nature exacte de l'impôt qu'elle paye sur ses bénéfices. Est-ce un impôt sur les revenus du capital ? Peut-être, mais cette classification est sans importance car il s'agit, en tout état de cause, d'une charge pour elle. Exonérons-la de toute taxation à ce titre et les revenus du capital appréhendés au niveau des ménages et d'eux seuls, quelle qu'en soit la forme (loyers, intérêts, dividendes ou plus-values), devraient être soumis à des prélèvements fiscaux et sociaux identiques. Vaut-il mieux imposer les revenus du capital ou ceux du travail ? L'arbitrage fiscal, à partir du moment où l'on n'y mêle plus les entreprises, exercé au sein de la catégorie des seuls ménages, prend alors tout son sens, économique et politique.

Les dépenses prioritaires

Dès lors que l'Etat, ayant redressé ses finances, n'étant plus étouffé par la répétition des déficits et le service de la dette, retrouverait une capacité d'action, à quoi faudrait-il la consacrer ? Ici encore, rien ne sera possible si l'on ne marque fortement que le souci de la cohésion nationale inspire la politique suivie. Les marges disponibles, au fur et à mesure de leur apparition, devraient donc être consacrées, en toute priorité, à un effort explicite et de grande ampleur vers l'intégration des populations les plus défavorisées : renforcement de l'encadrement scolaire et social dans les zones difficiles, formation et qualification professionnelles des exclus de l'enseignement secondaire ou supérieur, reconstruction du tissu urbain dans les parties les plus déshéritées du territoire.

Nous avons su réaliser des villes nouvelles, bâtir La Défense, redessiner à Marseille, en plein centre-ville, 500 hectares de quartiers dégradés. Ne peut-on décliner le même savoir-faire partout où ce serait nécessaire ? Que n'a-t-on entendu

parler, d'une campagne électorale à l'autre, de
« plan Marshall » pour les banlieues ! Eh bien,
allons-y, et qu'un Etat qui ne serait plus impécunieux se saisisse vraiment d'un tel projet. Telle
est ma troisième mesure.

A ce programme de solidarité s'ajouterait, aussitôt que possible, un investissement de préparation de l'avenir. C'est-à-dire (quatrième mesure)
un plan de développement de la recherche tant
publique que privée et de rehaussement vers
l'excellence de notre appareil universitaire.

Simultanément, on pourra enfin (cinquième
mesure) passer à l'amélioration des marges des
entreprises.

Vive l'industrie

Par quel bout aborder ce vaste problème ?
Puisque le budget est l'instrument de la démarche,
il est naturel que la fiscalité en soit le point
d'entrée. Une action indifférenciée dont bénéfi-
cieraient toutes les entreprises de France et de
Navarre serait rapidement possible, à coût nul
pour les finances publiques : nous avons vu plus
haut l'intérêt d'un allègement de l'impôt sur les
sociétés compensé par un alourdissement de celui
sur les revenus du capital perçus par les ménages.
La gauche ne devrait guère trouver à y redire
puisque les salariés ne seraient en rien concernés :

il s'agit d'un pur transfert, profits contre dividendes, au sein de la catégorie, à ses yeux suspecte, des revenus du capital.

Faut-il ensuite ouvrir résolument l'immense chantier des charges sociales et chercher soudainement une contrepartie fiscale, impôt direct ou TVA, à leur allègement? Je ne le crois pas. La mesure serait trop lourde, et douteuse son acceptabilité par le corps social. Ce sera déjà bien de graver dans le marbre constitutionnel l'équilibre du système de protection sociale et de faire en sorte qu'il soit atteint par les seuls efforts (hausse des cotisations, réduction des prestations) de ses bénéficiaires directs, c'est-à-dire des ménages. Aller au-delà ne pourra s'envisager que de manière douce et progressive, la diminution des charges sociales devenant au fil du temps, comme on l'a vu, l'une des utilisations données à d'éventuels excédents budgétaires. On en est encore loin.

Les Français sont très intelligents, ou se croient tels. L'industrie est le secteur décisif pour notre compétitivité : elle concentre près de 90 % des dépenses de recherche et de développement des entreprises, et 80 % de nos exportations. Ainsi, c'est elle qui est exposée à la compétition internationale et nous permet, grâce à son combat, de financer nos importations. Contrairement au discours « post-industriel » qui vante les mérites de l'immatériel et des services, l'industrie fait toujours la richesse des nations en leur fournissant l'essentiel de leur pouvoir d'achat extérieur. Une économie fondée sur la croissance des services (ce à quoi conduit souvent une politique macro-économique qui se contente de doper la consommation des ménages) devrait néanmoins payer les importations de biens et d'énergie indispensables à son activité, sauf à se faire de plus en plus financer par l'étranger. Or seules les exportations industrielles sont à même d'y pourvoir [1].

On pourrait s'attendre à ce qu'une activité aussi stratégique soit choyée par le pouvoir politique, encouragée, aidée. Absolument pas. De tous les secteurs économiques, celui de l'industrie est le plus taxé, celui sur lequel les prélèvements fiscaux et sociaux sont les plus lourds. Tout paraît comme si les pouvoirs publics avaient, avec une continuité digne d'éloges, organisé un transfert de charges du secteur protégé de notre économie vers le champion qui doit affronter, ainsi handicapé, la concurrence extérieure. On admirera l'exploit à sa juste valeur : les coûts du premier (services, commerce, administrations) pèsent sans cesse davantage sur la compétitivité du second, dont la base productive est en régression relative. Les prélèvements totaux sur l'industrie (biens d'équipement et de consommation) sont de 35 % de la valeur ajoutée, de 33 % sur le commerce (gros et détail), de 27 % sur les services. Nous sommes là face à un cercle vicieux assez bien installé.

---

1. *Cf.* «Rapport pour l'industrie 2008», de l'Association de documentation industrielle.

Trois causes principales à un résultat aussi désastreux :

La première, la plus importante par ses incidences, est la taxe professionnelle. Assis sur la valeur locative des équipements à hauteur de 80 %, cet impôt affecte directement l'investissement dont il augmente significativement le coût. Parfaitement antiéconomique, il pénalise les activités les plus capitalistiques : le secteur de l'énergie y laisse près de 6 % de sa valeur ajoutée, l'industrie plus de 3, le commerce 2, les services 1,7.

La deuxième tient au mode d'exonération des charges sociales patronales qui constitue un axe majeur de la politique de l'emploi des différents gouvernements depuis quinze ans. A l'origine, face à un chômage dont la montée ininterrompue préoccupait nos dirigeants, il s'agissait de ralentir la substitution du capital au travail et de résister à la concurrence des pays à bas coût de main-d'œuvre. Gauche et droite ont ainsi vu dans l'exonération des charges sociales sur les bas salaires un outil propre à favoriser l'emploi des travailleurs peu qualifiés, avant que la première n'en dévoie l'usage en l'appliquant, à partir de 1997, à financer la seule réduction de la durée du travail.

Ainsi ces exonérations ne visent-elles pas en priorité l'industrie mais favorisent-elles clairement les entreprises de main-d'œuvre peu qualifiée, donc le commerce, l'artisanat et les services de proximité qui sont effectivement d'importants créateurs d'emplois. Car le plafond d'exonération fixé à 1,6 fois le SMIC exclut les emplois qualifiés de l'industrie : celle-ci, contrairement au but initialement visé, bénéficie donc peu de cette politique alors qu'elle est davantage exposée au risque de délocalisation. L'industrie manufacturière reçoit le même montant d'exonérations que le commerce de détail, quand elle représente un pourcentage beaucoup plus élevé, environ le double, de la valeur ajoutée marchande. Ainsi le taux de charges sociales se monte-t-il à 30 % de la valeur ajoutée pour l'industrie, à 28 % pour les services, à 26 % pour le commerce de détail.

La troisième cause, que nous avons déjà rencontrée, tient à la préférence un tantinet électorale donnée par les hommes politiques de tous bords aux intérêts de la toute petite entreprise. Afin de réduire le coût du financement et accroître les capitaux propres des PME, il a été décidé en 1996 puis en 2001 d'alléger leur charge fiscale en instaurant un taux réduit (15 % au lieu de 33 %) de l'impôt sur les sociétés jusqu'à un bénéfice de 38 000 euros. Bravo, dira l'observateur soucieux de la compétitivité de notre appareil productif en constatant, comme on l'a déjà vu, qu'une société sur trois voit ainsi son impôt allégé de plus de moitié. Sauf que ce taux réduit profite davantage aux secteurs peu concentrés où le poids des petites entreprises indépendantes est plus important. Ceux de la construction, de l'immobilier et des services aux personnes (tous secteurs protégés) en bénéficient le plus, l'énergie et l'industrie le moins. Ces deux derniers secteurs reçoivent 13 % de la dépense fiscale correspondante alors qu'ils contribuent pour 26 % au bénéfice imposable de l'ensemble des sociétés. Les résultats sont à la hauteur de cette politique remarquable. L'industrie au sens strict (c'est-à-dire sans les services associés) ne représente plus que 20 % du PIB en France, contre 29 % en Allemagne, au Japon et en Espagne, 27 % en Italie. Même la Grande-Bretagne et les Etats-Unis, dont on affirme volontiers que les économies sont très portées sur les services, lui font une part plus importante que nous (22 à 24 % du PIB). En outre, la détérioration de la compétitivité de nos entreprises industrielles a des conséquences lourdement négatives. Le déficit récurrent de notre commerce extérieur, dont nous avons déjà parlé, nous a coûté cinq points de croissance cumulée depuis dix ans (0,5 % par an), soit un million d'emplois et 35 milliards de recettes fiscales et sociales, chiffre qui représente plus des deux tiers du déficit public. Où l'on voit, une fois de plus, que l'amélioration de l'offre productive est plus décisive pour le redressement de nos comptes qu'une illusoire relance par la demande.

La conclusion s'impose d'elle-même. Il faut (sixième mesure) mettre fin à la discrimination peut-être inconsciente dont souffre l'industrie en matière de prélèvements. Pour lui permettre de mieux s'adapter à la concurrence internationale, de se positionner sur des segments à haute valeur ajoutée, on ramènera dans un premier temps ses charges fiscales et sociales au niveau moyen de l'ensemble du secteur productif. Pour ce faire, on mènera une action vigoureuse de diminution jusqu'à disparition de la taxe professionnelle.

La croissance durable

Il est clair que tout gouvernement digne de ce nom devrait avoir à cœur d'engager l'économie dans la voie du développement durable. Lutter contre les conséquences économiques, sociales et environnementales du changement climatique est une nécessité, à l'échelle de la planète, pour assurer la survie de l'espèce. Trouver les voies et moyens d'une moindre dépendance aux énergies fossiles est l'une des composantes de cette politique. Enfin, l'épuisement désormais à brève échéance des ressources pétrolières et l'envolée du prix de l'or noir appellent le développement d'énergies de substitution en même temps qu'une organisation économique et sociale qui en soit moins dispendieuse.

Nous aurons ainsi à faire face, dans les années qui viennent, à une double révolution. D'une part, nous devrons procéder à une élévation sensible de notre niveau d'investissement : il va falloir développer la recherche publique et privée dans le domaine de l'énergie, modifier la quasi-totalité de nos processus de production de façon à en faire disparaître la production parallèle de CO_2, à défaut trouver les procédés aptes à capter et stocker ce dernier, remplacer partout, dans les usages industriels comme chez les ménages, l'énergie fossile par de l'énergie propre (ce qui bien entendu n'exclut pas le nucléaire), bouleverser l'aménagement urbain en faveur de l'habitat collectif au détriment du pavillonnaire, ouvrir de nouvelles liaisons ferroviaires ou maritimes, creuser des métros et lancer de nouvelles lignes de tramways dans les agglomérations.

Un programme d'une telle ampleur représenterait autant d'occasions d'innovation, de mise au point de nouveaux produits, de conquête de marchés pour notre industrie, actuellement en perte de vitesse. A condition d'être financé. Aujourd'hui, nous n'en avons pas le premier sou.

D'où le second volet de l'action à entreprendre. Il est du ressort des politiques publiques d'inciter les différents agents économiques à internaliser la contrainte de la lutte contre le réchauffement. Considérant que les biens environnementaux sont gratuits, ils ont tendance à les surconsommer sans prendre en compte les nuisances infligées de ce fait à la collectivité. Pour corriger cela, il faut introduire explicitement un « prix du carbone » dans les structures de coûts et donc dans les calculs économiques. L'apparition d'une fiscalité écologique et/ou d'un marché des « permis carbone » est donc inévitable. Hausse de l'investissement public et privé, fiscalité écologique, ces deux outils sont bien entendu complémentaires. En même temps qu'elle fait évoluer les comportements, celle-ci permet de dégager tout ou partie des ressources nécessaires à celle-là. A condition, une fois de plus, que les ménages, non les entreprises, supportent soit directement, soit à travers sa répercussion dans le prix des produits qu'ils achètent, le poids du prélèvement « carbone ».

Ici encore, on se heurte à la démagogie sarkozyenne qui, parée des intentions les plus louables, arrête le mouvement dès qu'il implique un effort assumé. La fiscalité ne peut être à ses yeux qu'incitative, jamais dissuasive. On récompense par une baisse d'impôts les bons comportements, on ne sanctionne pas ceux qui, de manière banale, ordinaire, contribuent à pérenniser le mal. « Tout impôt nouveau doit être compensé », dit le chef de l'Etat, relayé comme il se doit par ses ministres : l'éventuelle taxation écologique « serait strictement compensée par une réduction des autres prélèvements obligatoires, de façon à préserver le pouvoir d'achat des ménages et la compétitivité des entreprises [1] ». La messe est dite : autant annoncer que l'on ne fera rien faute de ressources et que le Grenelle de l'environnement,

---

1. Projet de loi « relatif à la mise en œuvre du Grenelle de l'environnement ».

qui fut une belle opération de communication, restera lettre morte.

Il faut mettre fin à ces palinodies. Je propose (septième mesure) l'instauration d'une fiscalité écologique qui viendra s'ajouter, non se substituer, aux prélèvements obligatoires existants et dont le produit permettra de financer un vaste programme d'économies d'énergie.

★

«La potion est amère, trop, à notre goût», diront certains. Que leur répondre? On ne peut contester que l'économie française souffre de langueur. Dès lors, la qualité du diagnostic est décisive. Le mien serait-il mal fondé? Je veux bien discuter du dosage de la médication et de son rythme. A condition de ne pas lui enlever toute sa rigueur.

D'autant que la France a sur son chemin non pas un mais deux obstacles assez hauts à franchir, non pas un mais deux défis à relever. Le premier est de revenir dans une course où nous nous sommes laissé décrocher par nos concurrents : il faut remettre nos finances publiques à l'équilibre (la note est de 3 % du PIB) et augmenter ensuite d'à peu près autant les marges de nos entreprises. Le second, bouleversement d'une ampleur au moins égale, est l'amorce de la transformation de nos modes de vie et de production afin de les rendre compatibles avec les exigences du développement durable. Parviendra-t-on à atteindre de tels objectifs, aussi ambitieux que nécessaires, sans efforts ? L'affirmer, et faire de cette affirmation une politique, c'est tromper le peuple, c'est le maintenir dans l'illusion.

Conclusion

Nicolas Sarkozy court à l'échec. Je ne m'en réjouis pas. Ni pour lui-même : que de qualités gâchées ! Ni pour le pays : encore cinq ans de perdus. La France serait-elle vouée à suivre le mauvais exemple de l'Argentine du début du XXe siècle, celui d'une grande nation dotée de maints atouts et qui, faute d'un bon système de gouvernement, s'enfonce irrémédiablement sur les voies du déclin ? Le plus redoutable serait que la population de la France, nourrie de tant d'espoirs et gavée de tant de fausses promesses, se mette à douter de la réforme si celui-là même qui s'en prétendait le héraut et fut élu pour en avoir convaincu la plupart, échoue à la mettre en œuvre. Le citoyen, revenu de tout, va-t-il se réfugier dans le scepticisme ?

L'addition sans fin de réformes partielles n'est pas constitutive d'un vrai changement. Ainsi du mouvement brownien dans une soupe atomique : l'apport d'énergie fait monter la température et accroît l'agitation des particules. Que la source de chaleur se tarisse et l'on revient aussitôt à l'état initial. Dans cet aller-retour, rien de nouveau : on a consommé de l'énergie en pure perte. Ainsi de l'action sarkozyenne : bien malin qui se retrouve dans ses contradictions. D'un côté on s'engage, pendant la campagne électorale il est vrai, à baisser de quatre points de PIB (soit 70 milliards d'euros) les prélèvements obligatoires : la gageure est vaine, donc la promesse démagogique. Les baisses d'impôts au profit des ménages sont cependant votées, promulguées, mises en application : les héritiers sont largement exonérés de droits de succession, les titulaires de hauts patrimoines assujettis à l'ISF protégés par un bouclier fiscal renforcé et, si jamais cela ne suffisait pas, incités à se débarrasser de tout paiement par la souscription à des augmentations de capital de PME. Les heureux bénéficiaires de dividendes ont droit à une fiscalité allégée. Les employeurs et salariés se mettant d'accord pour effectuer des heures supplémentaires sont dispensés les uns de cotisations sociales, les autres d'impôt sur le revenu. Mais comme la situation des finances publiques n'autorise pas de telles générosités et qu'il faut maintenir, vaille que vaille, le déficit des comptes publics à un niveau qui ne devienne pas trop évidemment excessif, ce qui est donné d'une main est repris de l'autre. Les faveurs accordées de façon irréfléchie aux plus fortunés font que le financement du revenu de solidarité active destiné aux plus pauvres est rogné. La réduction de la fiscalité est partiellement compensée par une augmentation, d'ailleurs insuffisante,

Conclusion

des prélèvements sociaux. On diminue les prestations (en matière de santé, les assurés sont soumis à de nouvelles franchises) et les salariés ont appris de la bouche même du Président que leur prime annuelle d'intéressement, dont la distribution serait encouragée par des abattements d'impôts sur le bénéfice des entreprises, verrait son montant peut-être entamé d'une cotisation-retraite jusque-là inexistante. Augmentation et diminution simultanées des prélèvements obligatoires sur une même assiette, la mesure est admirable et le désordre extrême, qui reviennent à faire financer par le budget de l'Etat, mais sans le dire expressément, un accroissement nécessaire des recettes de la branche vieillesse de la Sécurité sociale. Comment s'étonner que cette brillante idée ait rapidement rejoint le long cimetière des réformes avortées aussitôt qu'annoncées?

L'action en matière de finances publiques est donc illisible. Il en va de même pour l'autre question centrale de l'économie française, celle des marges des entreprises. D'un côté on essaye d'améliorer leur compétitivité par le crédit d'impôt-recherche amélioré ou, pour les PME, la suppression de l'imposition forfaitaire annuelle. De l'autre, elles sont menacées de perdre les réductions de cotisations sociales accordées en contrepartie du passage aux 35 heures si elles se refusent à une politique salariale plus généreuse. Comme si, à force de vouloir faire plaisir au dernier demandeur, on provoquait une circulation permanente du mistigri : c'est toujours l'autre, le « payeur inconnu », qui soldera la facture. Hommage lui soit rendu!

197

L'économie d'un pays n'est pas faite d'une matière continue, homogène, plate, sans relief. Elle est construite suivant une architecture qu'il faut comprendre, avec ses murs porteurs (le système productif, le capital accumulé, les ressources de main-d'œuvre) et ses grands agrégats (consommation, investissement, épargne) entre lesquels se développent équilibres ou déséquilibres. Une pensée directrice est nécessaire si l'on veut en améliorer les performances : que vise-t-on, et à quel rythme ? Faut-il pousser l'investissement ou au contraire la consommation ? Accroître les marges des entreprises ou augmenter les salaires ? Réduire le déficit budgétaire ou diminuer les impôts ? Tout faire à la fois pour satisfaire les uns et les autres (un peu de ceci et, contradictoirement, un peu de cela) est se condamner à ne rien faire. Mais pas à ne rien dire. Un seul principe unit tant d'impulsions opposées : un populisme d'éloquence qui s'oblige à donner réponse positive non seulement à tout quémandeur légitime mais surtout à chaque mouvement de l'opinion publique.

Pour concevoir une politique macroéconomique digne de ce nom, un bon jugement est nécessaire qui, dans des conjonctures diverses, permette de définir un diagnostic, hiérarchiser les priorités et retenir une ou deux grandes orientations. Cette responsabilité éminente est celle du président de la République ou du Premier ministre. Ensuite revient à ce dernier de coordonner l'action du gouvernement afin que chacun des ministres, dans le domaine qui lui est propre, décline en mesures sectorielles le changement principal. Veut-on que la réforme soit à la fois effective et cohérente ? La condition en est que l'architecture institutionnelle (Président, Premier ministre, ministres, secrétaires d'Etat) corresponde à celle des décisions. Au président de la République le choix de l'axe central et la maîtrise du calendrier, au Premier ministre la conduite de l'ensemble et les grandes décisions, aux ministres et secrétaires d'Etat les actions sectorielles ou secondes.

Comme le dit Nicolas Baverez dans une sorte de recommandation déjà désabusée à son homme politique favori, « tant il est vrai que trop de leadership tue le leadership et qu'un homme seul ne peut moderniser par le haut une démocratie développée », il faut « changer de méthode et pour cela passer d'une posture de campagne à une position d'exercice du pouvoir, redonner une existence collective au gouvernement, rétablir la responsabilité politique des ministres et du Parlement [1] ». On ne saurait mieux dire.

Or Nicolas Sarkozy ignore le relief, de la pensée comme des institutions. Les deux vont ensemble. Aucun point de la mappemonde sociopolitique n'échappe à son regard, aucune courbure de l'espace ne cache à sa sagacité un phénomène dont l'examen plus attentif devrait être délégué à tel de ses ministres. Voyant tout, sachant tout, ce

---

1. *Le Monde* du 20 février 2008.

qui est la marque d'une vraie arrogance intellectuelle ou, peut-être, d'une immaturité cachée, quel besoin aurait-il d'une structure gouvernementale sinon pour exécuter le nombre gigantesque de décisions que cet ouvrier à la chaîne des annonces imprévues ne cesse de prendre, comme pour s'assurer qu'il exerce bien le pouvoir? Tout est plat, et donc directement accessible à la sagesse présidentielle. La simplicité supposée des problèmes entraîne l'inutilité des hiérarchies intellectuelles et donc institutionnelles. En ce sens, mais c'est le seul avec le désir de plaire à tous, notre homme est cohérent.

Ce champion de la navigation superficielle, ignorant des profondeurs, enfile acrobaties et virages le long d'une pente qu'il descend continûment, sans même s'en apercevoir : celle du recul de la France, en Europe et dans le monde. Artiste du glissement, il suit avec brio ses inspirations successives : ainsi ressemble-t-il bien, tout en prétendant le contraire, à Jacques Chirac qui fut autrefois son maître.

L'hyperpouvoir ne peut exister que dans et par ce péché contre l'esprit qu'est la négation de la complexité. Ce n'est pas d'un spécialiste du traitement des surfaces dont la France a besoin, mais d'un architecte de son redressement.

Je remercie mon éditrice Muriel Beyer qui m'a incité à écrire ce livre, Henri Guillaume qui a bien voulu relire le texte, Jean-Charles Simon et Marie-Anne Kraft qui m'ont aidé à réunir les données statistiques, et enfin Isabelle Gauvent qui a assuré la transcription du manuscrit.

Table

*Cet ouvrage a été composé et imprimé par
CPI Firmin Didot à Mesnil-sur-l'Estrée
pour le compte des Éditions Plon
76, rue Bonaparte
Paris 6ᵉ
en août 2008*

Dépôt légal : août 2008
N° d'édition : 14358 – N° d'impression : 91086

Imprimé en France